# Tarot Rider Waite
# Guía definitiva

Johannes Fiebig · Evelin Bürger

Nuestro agradecimiento a todos aquellos que han participado en nuestros seminarios y cuya experiencia y observaciones han supuesto una contribución muy valiosa para toda la interpretación simbólica contenida en este libro. Y nos gustaría dar las gracias a todos esos colegas con los que hemos tenido el privilegio de aprender muchísimas cosas: Margarete Petersen, Luisa Francia, Rachel Pollack, Marion Guekos-Hollenstein, Judith Bärtschi, Hajo Banzhaf, Gerd B. Ziegler, Eckhard Graf, Jim Wanless, Klausbernd Vollmar y, muy en especial, Lilo Schwarz. – E. B. /J. F.

Primera edición: septiembre de 2018
Quinta reimpresión: febrero de 2025

Título original: *The Ultimate Guide to the Rider Waite Tarot*

Traducción: Blanca González Villegas

© Koenigsfurt-Urania Verlag, 24796 Krummwisch, Alemania
www.koenigsfurt-urania.com

Publicado por acuerdo con Koenigsfurt-Urania Verlag GmbH,
Koenigsfurt 6, D-24796 Krummwishc, Alemania

De la presente edición en castellano:
© Distribuciones Alfaomega S.L., Arkano Books, 2016, 2024
   Alquimia, 6 - 28933 Móstoles (Madrid) - España
   Tel.: 91 617 08 67
   www.grupogaia.es - E-mail: grupogaia@grupogaia.es

Depósito legal: M. 13.449-2018
I.S.B.N.: 978-84-15292-64-7

Impreso en China

Cualquier forma de reproducción, distribución, comunicación pública o transformación de esta obra solo puede ser realizada con la autorización de sus titulares, salvo excepción prevista por la ley. Diríjase a CEDRO (Centro Español de Derechos Reprográficos, www.cedro.org) si necesita fotocopiar o escanear algún fragmento de esta obra.

# Índice

10 razones para escribir este libro .................................. 5

Una interpretación del Tarot sencilla y clara ............. 6
    Las 10 mejores definiciones del Tarot ........................... 6
    Los 10 datos más importantes del Tarot ....................... 7
    Las 10 mejores maneras de utilizar una única carta ...... 9
    Las 10 tiradas principales ............................................. 12
    Las 10 normas más importantes de la interpretación ... 16
    10 consejos útiles para la interpretación ...................... 20

Un repaso a los Arcanos Mayores y Menores ......... 24
    Términos clave relacionados con las 22 cartas
    de los Arcano Mayores ................................................ 25
    Las 10 interpretaciones más importantes de los bastos ..... 26
    Las 10 interpretaciones más importantes de las copas ..... 26
    Las 10 interpretaciones más importantes de las espadas ... 27
    Las 10 interpretaciones más importantes de los oros ....... 27

Símbolos e interpretaciones importantes ................ 29
    Arcanos Mayores ......................................................... 30
    Bastos .......................................................................... 74
    Copas .......................................................................... 102
    Espadas ....................................................................... 130
    Oros ............................................................................. 158

Tarot y astrología ....................................................... 186

Acerca de los autores ................................................. 190

## Arcanos Mayores/cartas de triunfo

I-El Mago .......................... 30
II-La Sacerdotisa ............... 32
III-La Emperatriz ............. 34
IV-El Emperador ............. 36
V-El Sumo Sacerdote ...... 38
VI-Los Amantes ............... 40
VII-El Carro ..................... 42
VIII-La Fuerza ................. 44
IX-El Ermitaño ................ 46
X-La Rueda de la Fortuna ... 48
XI-La Justicia.................... 50
XII-El Colgado ................. 52
XIII-La Muerte ................ 54
XIV-La Templaza ............ 56
XV-El Diablo .................... 58
XVI-La Torre .................... 60
XVII-La Estrella ............... 62
XVIII-La Luna ................. 64
XIX-El Sol ........................ 66
XX-El Juicio ..................... 68
XXI-El Mundo ................. 70
0/XXII-El Loco ................ 72

## Arcanos Menores: Bastos

Reina de bastos ................ 74
Rey de bastos ................... 76
Caballero de bastos .......... 78
Sota de bastos ................... 80
As de bastos ...................... 82
Dos de bastos ................... 84
Tres de bastos ................... 86
Cuatro de bastos ............... 88
Cinco de bastos ................ 90
Seis de bastos ................... 92
Siete de bastos .................. 94
Ocho de bastos ................. 96
Nueve de bastos ............... 98
Diez de bastos .................. 100

## Copas

Reina de copas ................. 102
Rey de copas .................... 104
Caballero de copas ........... 106
Sota de copas ................... 108
As de copas ...................... 110
Dos de copas .................... 112
Tres de copas .................... 114
Cuatro de copas ............... 116
Cinco de copas ................ 118
Seis de copas ................... 120
Siete de copas .................. 122
Ocho de copas ................. 124
Nueve de copas ............... 126
Diez de copas .................. 128

## Espadas

Reina de espadas ............. 130
Rey de espadas ................ 132
Caballero de espadas ...... 134
Sota de espadas ............... 136
As de espadas .................. 138
Dos de espadas ................ 140
Tres de espadas ............... 142
Cuatro de espadas ........... 144
Cinco de espadas ............ 146
Seis de espadas ............... 148
Siete de espadas .............. 150
Ocho de espadas ............. 152
Nueve de espadas ........... 154
Diez de espadas .............. 156

## Oros

Reina de oros .................. 158
Rey de oros ..................... 160
Caballero de oros ............ 162
Sota de oros ..................... 164
As de oros ....................... 166
Dos de oros ..................... 168
Tres de oros .................... 170
Cuatro de oros ................ 172
Cinco de oros ................. 174
Seis de oros .................... 176
Siete de oros ................... 178
Ocho de oros .................. 180
Nueve de oros ................ 182
Diez de oros ................... 184

**REPASO DE LAS 78 CARTAS**

# 10 razones para escribir este libro

- Es algo que nos habían pedido muchísimas veces que hiciéramos.

- Queríamos unificar los conocimientos y la sabiduría que hemos acumulado durante el cuarto de siglo que llevamos trabajando como autores de Tarot y dirigiendo seminarios (no solo por el bien de nuestros lectores sino también por el nuestro).

- ¡Nos gusta escribir libros sobre el Tarot!

- La vida es demasiado corta como para desperdiciar el tiempo con interpretaciones de mala calidad.

- Las cartas Rider/Waite están repletas de datos a la espera de ser descubiertos… por nosotros y por nuestros lectores (¡así que esperamos recibir vuestras opiniones!)

- Hoy por hoy, nuestro trabajo está principalmente centrado en la edición, por lo que no tenemos tanto tiempo como nos gustaría para impartir conferencias y seminarios. Este libro puede, en cierto modo, llenar también ese vacío.

- Algunas de las cartas del Tarot constituyen un problema para muchas personas. Nos gustaría animar a los lectores a que estudien con algo más de atención su contenido para que así puedan extraer sus propias conclusiones.

- Y esperamos que esto agudizará la percepción de los lectores en su vida cotidiana para que sean capaces de ver más allá de lo que, a primera vista, pueda parecer simplemente un incidente o una experiencia «buena» o «mala». Quizá consigan con ello descubrir un significado más profundo de las cosas.

- Jamás habíamos escrito un libro como este. Se nos ocurrió que sería útil —e interesante— resumir los fundamentos del Tarot de manera breve y concisa.

- Uno puede estar dedicado a un tema como el Tarot durante veinticinco años sin aburrirse (por otra parte, hacerse mayor es el requisito indispensable para acceder a ciertos tipos de conocimiento). También nos gustaría transmitir estos aspectos.

Evelin Bürger y Johannes Fiebig

# Una interpretación del Tarot sencilla y clara

## Las 10 mejores definiciones del Tarot

- «El verdadero Tarot es simbolismo; no habla ningún otro idioma ni ofrece otros signos» (Arthur E. Waite).

- «El Tarot es una de las muchas escaleras posibles hacia tus profundidades» (Luisa Francia).

- «El Tarot se dirige a nuestra intuición desde una postura situada entre la fría racionalidad del intelecto y los reinos de la fantasía mística» (*Die Zeit*).

- «El Tarot podría describirse como el Álbum de Imágenes de Dios; también podría ser un juego de ajedrez celestial en el que los triunfos serían las piezas a mover siguiendo la ley que ellos mismos marcan en un tablero formado por los cuatro elementos» (Lady Frieda Harris).

- «El Tarot es el póker espiritual» (Mario Montano, alias Swami Prembodhi).

- «El Tarot es el yoga de Occidente» (Robert Wang y también Hans-Dieter Leuenberger).

- «El Tarot es un buen criado pero un mal señor» (Hajo Banzhaf).

- «El Tarot funciona porque los mensajes que transmiten las imágenes producen sobre tu consciencia un efecto que influye sobre tu realidad vivida y, al mismo tiempo, reconoce la existencia de una voluntad superior y entra en un estado de armonía con ella» (Gerd B. Ziegler).

- «El Tarot es el constructor de puentes ideal; cuanto te encuentras en ese punto en el que tienes la sensación de que es imposible seguir adelante, puedes construir un puente echando una tirada de cartas. Los símbolos que aparecen en ellas te muestran caminos nuevos. Los pruebas. Y en ese momento las nuevas posibilidades aparecen también en la vida real» (Johannes Fiebig).

«El Viejo Mundo puede enorgullecerse de que con el Tarot ha creado su propio sistema esotérico, una escuela para formar la inteligencia emocional, la sabiduría del corazón y esa faceta del alma que no ha sido trazada por sacerdotes o faraones, ni por escribas cabalísticos, sino engendrada por el subconsciente colectivo de Occidente» (Eckhard Graf).

## Los 10 datos más importantes acerca del Tarot

**1** El Tarot es una baraja formada por **78 cartas** que siguen un sistema establecido: las 22 cartas de los Arcanos Mayores y las 56 de los Arcanos Menores (arcanos = secretos, misterios). Los Arcanos Menores se subdividen a su vez en cuatro palos: los bastos (o varas), las copas, las espadas y los oros.

**2** Las cartas del Tarot se desarrollaron en **Milán y Bolonia** durante el Renacimiento italiano, hacia el año 1430. No está clara la identidad del primer artista que pintó unas cartas del Tarot; lo único que sabemos es que Bonifatio Bembo, cuyo nombre se menciona ocasionalmente, no fue el primero en hacerlo. Los juegos de cartas ya se conocían desde al menos ochocientos años antes de la fecha en la que se diseñaron las primeras cartas del Tarot.

**3** La baraja del Tarot fue la primera en la que se definieron cartas de triunfos. Durante siglos se utilizaron como un juego de salón más sin otro significado que el de **un simple juego de cartas.**

**4** Hasta el siglo XIX (en realidad en 1781 ya hay evidencias) no encontramos evidencia alguna de que las cartas del Tarot se utilizaran para la **interpretación esotérica** a través de su simbolismo. El siglo XIX fue testigo de un gran resurgir del interés por el ocultismo clásico. Muchos grupúsculos se dedicaron al estudio del simbolismo del Tarot, y con frecuencia no mantuvieron ningún contacto entre ellos. Durante este periodo se utilizaban todo tipo de cartas para predecir el futuro.

**5** La actual expansión de la interpretación del Tarot por todo el mundo empezó en los países occidentales durante los años setenta del siglo XX.

**6** Desde entonces se han creado **normas nuevas** que están ya tan asentadas que tendemos a aceptarlas con absoluta naturalidad. Entre estas normas podemos incluir la ingente variedad de barajas del Tarot que se han diseñado. Hoy en día existen más de mil versiones diferentes, de las cuales podemos encontrar **varios centenares disponibles** en el mercado.

**7** **Las numerosas formas de utilizar el Tarot** y de crear tiradas representa también un fenómeno relativamente reciente que ahora damos por sentado. En un extremo del espectro tenemos grandes tiradas que se utilizan en determinadas fechas significativas o en ocasiones importantes para el usuario, y en el otro, la «carta del día», una carta única y exclusiva.

**8** La **carta del día** se extrae por la mañana o por la noche, generalmente sin que el usuario formule ninguna pregunta concreta. La imagen de esta carta proporciona información tanto sobre la situación actual como sobre la tarea que se tiene entre manos, así como un impulso para dar el siguiente paso.

**9** El conocimiento de los **cuatro elementos (Fuego, Agua, Aire y Tierra)** y su relación con los cuatro palos (bastos, copas, espadas y oros), representa una característica fundamental de la interpretación moderna del Tarot. Cualquiera puede adquirir la información necesaria (véanse páginas 26-27 y 77) y emprender su propio camino de interpretación.

**10** Hoy en día las cartas se ven como **espejos** prácticamente en todas partes. Esto supone un desarrollo completamente nuevo, desconocido en el Renacimiento y en el siglo XIX. En esta capacidad de actuar como espejos, las cartas del Tarot proporcionan siempre una oportunidad de reflejarse a uno mismo. Por eso una persona no puede mirar al espejo para otras (*con* otras, sí).

## *Las 10 mejores maneras de utilizar una única carta*

**1** **La carta del día.** Esta carta representa una guía diaria. Puede señalar una oportunidad, una tarea o sencillamente algún aspecto al que deberías prestar atención. Puedes considerarla como tu ángel de la guarda o tu acompañante para ese día.

**2** **La carta de la semana.** Esta carta destaca el tema de la semana. Es algo así como coger una lupa para concentrarse, por ejemplo, en un aspecto concreto del Tarot o un tipo determinado de simbolismo o tema durante una semana.

**3** **La carta del mes.** Esta carta te muestra un bosquejo de la situación, la tarea y los pasos que debes dar en un mes concreto. De esa manera centras tu atención en una única carta del Tarot que analizas con especial atención y cuidado ¡y te desarrollas con ella!

**4** **La carta del año.** Esta carta representa el asunto principal que se va a ir desarrollando a lo largo de todo un año. Puedes extraerla el día de tu cumpleaños, en Año Nuevo o en cualquier otra ocasión especial. Por regla general, la carta del año va adquiriendo multitud de aspectos diferentes y proporcionando distintos impulsos a medida que transcurre el año. Esto es lo que la hace tan in-

---

**Sugerencias de uso:**

- Piensa en la pregunta o preguntas que deseas resolver con la ayuda del Tarot. Tómate tu tiempo y asegúrate de que estás cómodamente sentado o de pie pero con la mente alerta. Intenta respirar libremente. Y ahora, escucha… no hacia afuera sino hacia dentro de ti.

- En ese momento descubrirás que dentro de ti se está formando la pregunta fundamental. Recógela, refínala y exprésala para tus adentros con la mayor claridad posible.

- De todas formas, cuando cojas una carta para un día, un mes o cualquier otro periodo de tiempo, no necesitas plantear una pregunta concreta. Di sencillamente: «¿Qué es lo que me quiere decir el Tarot hoy/el mes que viene/etc.?».

- A continuación, baraja las 78 cartas.

- Asegúrate de que las imágenes permanecen boca abajo para que no puedas verlas.

- A continuación, coge la carta (o las cartas, para las tiradas) de la forma que acostumbres e intenta hacerlo en un estado de «concentración relajada».

- Coloca la carta o las cartas boca abajo delante de ti en el orden y dibujo de la tirada de que se trate.

- Da la vuelta a la carta o, si se trata de varias, ve dándoles la vuelta una a una.

- La carta o la tirada son la respuesta del Tarot a tu pregunta.

teresante porque aclara muchísimo tus diversos asuntos y cuestiones personales.

**5** **La carta del proyecto.** El significado de esta carta debe interpretarse igual que los de las que hemos visto hasta ahora aunque en este caso no se relaciona con una semana o un año concreto sino con la duración de un proyecto específico.

**6** **La carta favorita.** Esta carta no se extrae sino que se elige conscientemente. ¿Qué carta es la que más te gusta? ¿Qué carta es tu preferida en este momento?

**7** **La carta de la personalidad.** Suma los dígitos de tu fecha de nacimiento (por ejemplo, 3 de septiembre de 1968 = 3/9/1968, cuya suma es 3 + 9 + 1 + 9 + 6 + 8 = 36. Si el resultado de la suma está entre 1 y 21, el Arcano Mayor del mazo que tenga ese mismo número es tu carta de la personalidad (los Arcanos Mayores son las cartas que tienen tanto un número como un nombre). Por ejemplo, si la suma da 19, la carta de la personalidad es la que tiene ese número: XIX–El Sol.

Si la suma da 22, la carta de la personalidad es el vigésimo segundo Arcano Mayor, es decir, El Loco, que tiene el número 0.

Sin embargo, si la suma da 23 o más, como en el ejemplo anterior, debes sumar también los dígitos del resultado. En el ejemplo, los dígitos de 36 se sumarían 3 + 6 = 9. El Arcano Mayor que tenga ese número será la carta de la personalidad; en este caso: IX–El Ermitaño.

**8** **La carta de la esencia.** Cuando la suma de los dígitos de tu fecha de nacimiento da una cifra mayor de 9, puedes sumar los dígitos de esa cifra para encontrar la «carta de la esencia». Ejemplo: pongamos que la carta de la personalidad es la número 14; si sumamos los dígitos de esta cifra, obtenemos como resultado el 5, por lo que la carta con ese número, V–El Sumo Sacerdote, es la carta de la esencia o carta nuclear. Cuando el número de la carta de la personalidad es menor de 10, la carta de la personalidad y la carta de la esencia son la misma. En ese caso puedes trabajar hacia atrás y encontrar la otra carta de los Arcanos Mayores que tenga esa misma suma de dígitos. Ejemplo: pongamos que la carta de la personalidad es VII–El Carro. En este caso, VII–El Carro es también la carta de la esencia y puedes utilizar XVI–La Torre como suplemento personal porque tiene la misma suma de dígitos: 7.

Por regla general, la carta de la esencia no se debe tomar tan en serio como la de la personalidad porque esta última es la que constituye, por así decirlo, el factor decisivo dado que describe algo específico de esa fecha de nacimiento. La carta de la esencia y la carta suplementaria con la misma suma de dígitos deben considerarse simplemente como cartas «añadidas» a la carta de la personalidad.

**9** **La carta complementaria.** Muchos intérpretes consideran la carta de El Loco no solo como la primera del Tarot sino también como el vigésimo segundo Arcano Mayor, es decir, como la carta que representa el Todo y la Culminación. En la mayoría de los casos existe una carta que representa la *diferencia* entre tu carta de la personalidad y El Loco (ejemplo: si tu carta de la personalidad es la 14, entonces la diferencia entre ella y El Loco es 22 – 14 = 8; en este caso, el Arcano Mayor con el número VIII es tu *carta complementaria*). Esta es la carta que marca el resto del camino, el subconsciente que todavía debe ser iluminado para que pueda «completarse» nuestra personalidad.

**10** **La suma de dígitos o quintaesencia.** Utilizando el mismo método que empleaste para averiguar la carta de la personalidad (véase 7), puedes sumar los dígitos de todas las cartas de una tirada concreta.

Para ello, las cartas de la corte (Reina, Caballero, etc.) y El Loco valen 0 y los ases, 1. Una vez obtenida la suma, sigue el mismo procedimiento que describimos para la carta de la personalidad. El Arcano Mayor correspondiente a la suma se conoce como *carta de suma de dígitos o quintaesencia*. El significado que esconde esta quintaesencia es el siguiente: la tirada está completa tal y como está y así seguirá estando, es decir, la quintaesencia no ofrece nada nuevo. Sin embargo, sí representa un resumen de la tirada, algo así como un titular. También puede funcionar como una especie de comprobación, algo así como las sumas de verificación que hacemos para asegurarnos de que están todos los datos.

## Las 10 tiradas principales

### 1. Las tres cartas del día

### 2. El oráculo

| 1 | 2 | 3 |

1. El problema actual.
2. La salida.
3. El futuro; si estás preparado para tomar ese camino.

### 3. Un vistazo al futuro I

| 2 | 1 | 3 |

1. La situación actual.
2. El pasado o lo que ya está aquí.
3. El futuro o algo nuevo que debes tener en cuenta.

### 4. Un vistazo al futuro II

```
        5
   2  1  3
        4
```

1. El aspecto clave o fundamental.
2. El pasado o lo que ya está aquí.
3. El futuro o algo nuevo que debes tener en cuenta.
4. La raíz o base.
5. La corona, la oportunidad, la tendencia.

## 5 El camino hacia adelante

| 1 | 2 | 3 | 4 |

1. Ya sabes o tienes esto.
2. Esto puedes hacerlo bien.
3. Esto es nuevo.
4. Esto es lo que puedes aprender.

## 6 La estrella

1. El lugar en el que estás en este momento.
2. Tus tareas.
3. Tus dificultades o tus reservas.
4. Tus puntos fuertes.
5. Tu objetivo.

## 7 Vivir con incertidumbre

1. Esto es posible.
2. Esto es importante.
3. Esto es valiente.
4. Esto es trivial.
5. Esto es necesario.
6. Esto es alegre.
7. Esto es agudo.
8. Esto te lleva más lejos.

## 8 El camino

1 Este es el asunto. Estas son las oportunidades y los riesgos relacionados con la pregunta.

**Columna de la izquierda = tu conducta hasta este momento**

2 Actitudes conscientes, pensamientos, bases racionales, ideas, intenciones, modos de conducta de los que es consciente el preguntante. Conducta racional.

3 Actitudes inconscientes, deseos, anhelos que el preguntante tiene en su corazón. Esperanzas y miedos. Conducta emocional.

4 Actitudes exteriores. La imagen que tiene el preguntante en su entorno, quizá también su fachada.

**Columna de la derecha = sugerencia para la conducta futura: las interpretaciones se corresponden con los campos 2 – 4**

7 Actitud consciente. Sugerencia para un modo de acción racional.

6 Actitud inconsciente. Sugerencia para la orientación emocional.

5 Actitud exterior. Así es como el preguntante debería presentarse al mundo.

© Hajo Banzhaf, *Das Arbeitsbuch zum Tarot*, München 1989

## 9 El camino de los deseos

**1** La situación actual
**2** El objetivo deseado
**3, 4, 5** Un puente de **1** a **2**

Para esta tirada, las cartas no se extraen a ciegas sino que se eligen. En primer lugar, selecciona con calma y deliberadamente una imagen que represente tu situación actual. A continuación, busca otra que muestre lo que, en tu opinión, debería suceder, es decir, lo que deseas para ti. Emplea para ello todo el tiempo que necesites. Cuando las tengas, elige otras tres cartas que puedas utilizar como vínculos que conecten las dos anteriores, como un puente que te lleve desde la situación actual al objetivo que deseas alcanzar. Por último, analiza las cartas en conjunto, como un camino y una historia completa.

## 10 · La cruz celta (una posible versión)

1. El sujeto de la pregunta: tú mismo.
2. Ampliación positiva del **1**.
3. Ampliación negativa del **1**.
4. Raíz, base, apoyo.
5. Corona, oportunidad, tendencia.
6. El pasado o lo que ya existe.
7. El futuro o algo nuevo que debe tenerse en cuenta.
8. Resumen de las posiciones 1-7; tu fuerza interior, tu subconsciente.
9. Esperanzas y miedos.
10. El entorno y las influencias exteriores; tu papel tal y como lo ven los demás.
11. **11, 12, 13** (coge 1-3 cartas para esta posición según lo que te diga tu intuición): un resumen o un punto que atrae especialmente tu atención; uno que ya existe y que adquirirá un significado especial para tu pregunta.

# Las 10 normas más importantes de la interpretación

**1** **Las cartas son espejos**

Las cartas son como el «espejito, espejito mágico»: nos ayudan a vernos y a comprendernos mejor a nosotros mismos. Sin embargo, es evidente que no nos garantizan que el usuario vaya a extraer siempre las conclusiones correctas. Si cada vez que te plantas delante del espejo de tu casa dices: «Soy el mejor, el más guapo, etc.» o «Soy el más idiota, el más feo de todos, etc.», en el peor de los casos tendrás siempre razón. En esas circunstancias, no esperarás que el espejo vaya a hablarte y a corregir esa opinión tan sesgada que tienes de ti mismo.

Las cartas del Tarot son un conjunto de herramientas probadas y comprobadas que pueden ayudarnos a *percibir* nuestras creencias equivocadas y arbitrarias. Nos permiten expandir nuestras perspectivas de muchas formas distintas. Y, cuando aplicamos estos nuevos conocimientos a nuestra vida diaria, encontramos soluciones nuevas que aparecen como salidas de la nada.

**2** **Todas las cartas tienen significados positivos y negativos**

Esta es la norma más importante y debemos tenerla siempre en cuenta para captar todo el conjunto del simbolismo. Los autores no han conocido jamás a nadie que haya sido capaz de ver las 78 imágenes de forma espontánea, sin ayuda exterior, desde un punto de vista positivo y desde otro negativo al mismo tiempo... Y ellos mismos habrían sido incapaces de hacerlo si no hubieran recibido formación específica. Esta facilidad se obtiene al cabo de un largo periodo de ir acumulando experiencia con el Tarot y con uno mismo.

**3** **Concentra tus energías en unos puntos de referencia directos y concisos.**

Algunas cartas tienden a dar demasiada rienda suelta a nuestra imaginación. Por ejemplo, puede asustarnos la posibilidad de que El Loco esté a punto de caerse por un acantilado. Sin embargo, lo cierto es que en la imagen no aparece nada que apoye esta idea. Quién sabe si El Loco va a seguir avanzando, si se va a dar la vuelta o, de hecho, si el acantilado es realmente un acantilado... a lo mejor no es más que un pequeño saliente del terreno. La carta no nos aporta esta información y por eso no tiene sentido que nos dediquemos a darle vueltas. Una interpretación es plausible cuando es coherente y tiene un sentido claro para el observador... siempre y cuando esta evaluación personal se base en pistas que aparezcan realmente en la imagen.

**4** **Diferencia entre el «nivel subjetivo» y el «nivel objetivo» según vayan surgiendo las necesidades.**
Estos términos fueron acuñados por el psicólogo suizo C. G. Jung con el fin de interpretar los sueños. En el nivel objetivo, las figuras y las escenas de un sueño (o, en este caso, las que aparecen dibujadas en una carta del Tarot) representan a otras personas y acontecimientos exteriores. Vistas desde la perspectiva del nivel subjetivo, estas mismas figuras y escenas se convierten en imágenes espejo, facetas de nuestra propia personalidad y asuntos interiores.

Una discusión o un conflicto que aparezcan en un sueño o en una carta del Tarot pueden servir para resolver —o incluso para prepararse para— una controversia auténtica que implique a personas que realmente existen. Sin embargo, el mismo sueño y la misma carta del Tarot pueden, en circunstancias distintas, indicar también una lucha interna.

La cuestión de si es el nivel subjetivo o el nivel objetivo el que proporciona el punto de vista correcto en una situación dada debe responderse según cada caso. Si tienes dudas, puedes plantearte ambas posibilidades.

**5** **Aprende a reconocer y a tener en cuenta las asociaciones.**
Los últimos doscientos años han sido testigos del desarrollo de una amplia «literatura de interpretación» del Tarot. En este tiempo se han establecido diversas normas generales, la primera y más importante es la asignación de los cuatro palos a los cuatro elementos. Con ello, las copas representan el elemento agua que, a su vez, se asocia con el alma y la psique y todos sus aspectos varios.

Las asociaciones personales que se nos ocurren pueden dar la sensación de estar relacionadas con cosas bastante inconexas. Por ejemplo, en el caso del Cuatro de copas: «¡Qué vacaciones más maravillosas las del año pasado!», «Ya es hora de pasar más tiempo al aire libre» o «Esta figura, con los brazos cruzados, me irrita muchísimo… igual que mi marido/hijo/colega, etc. cuando se niegan a escucharme». Este tipo de asociaciones personales forman parte de la lectura de las cartas y hacen que el proceso de interpretación resulte más colorido y concreto. De todas formas, si a la hora de interpretar el Tarot hacemos demasiado hincapié en las nociones y asociaciones personales, corremos el riesgo de limitarnos a perseguir nuestro propio rabo y de reforzar sencillamente unos patrones de pensamiento previos. Ese es el motivo de que sea tan importante conocer ambos niveles de interpretación —las asociaciones personales y las normas de interpretación— y mantenerlos separados.

Con ello encontramos a menudo perspectivas nuevas que brotan en nuestra vida cotidiana. Por seguir con el ejemplo anterior, quizá te des cuenta de que no es solo que necesites unas vacaciones sino que ha llegado el momento ideal para hacer un periodo de reflexión. O es posible que el cónyuge/hijo/colega que da la impresión de estar tan cerrado como la figura de la carta esté completamente absorto con sus propios procesos mentales y emocionales. O a lo mejor su actitud reservada te está diciendo que tú mismo necesitas tiempo para redescubrir tus propias raíces emocionales.

### 6. Cada carta representa tanto una motivación como una advertencia

Una carta como el Dos de copas nos anima a compartir nuestros sentimientos y a intercambiar ideas y, al mismo tiempo, nos advierte del peligro de los gestos desganados (sentimientos diluidos). La motivación y la advertencia no se excluyen necesariamente entre sí; de hecho, pueden complementarse mutuamente.

Y esto sucede con todas las cartas: La Torre es al mismo tiempo un estímulo para abrirse y dejarse elevar y también una advertencia contra la falta de resolución o contra el orgullo (¡que precede a una caída!). El Diez de bastos nos advierte de que no debemos tener una opinión exageradamente alta de nosotros mismos y de que no debemos hacer esfuerzos poco razonables; al mismo tiempo, puede ser una inspiración para dar lo mejor de uno mismo y para seguir nuestras propias inclinaciones, tal y como está haciendo literalmente la figura de la imagen.

### 7. Recuerda la naturaleza simbólica de las imágenes: ¡no tomes todo al pie de la letra!

Los oros representan el dinero pero también todo lo material, el cuerpo y, en líneas generales, todas las impresiones y cualidades que hemos ido recogiendo en el pasado y que nosotros mismos inculcamos a los demás.

¡XIX–El Sol puede no tener nada que ver con nuestra estrella! Es también el símbolo de la consciencia, de la paternidad o de una divinidad, de la luz, del día y de muchas cosas más.

Existe un consenso general de que las espadas representan, entre otras cosas, las armas del intelecto. Desde este punto de vista, una carta como el Seis de espadas está más relacionada con un progreso o proceso mental, con una conexión intelectual entre dos territorios (mentales) o con la búsqueda de una nueva «costa» que con un barco o un viaje (aunque la imagen sugiere estas asociaciones).

### 8. Date tiempo para observar a placer sin apresurarte a sacar conclusiones

*La carta del día* es la mejor forma de entrenar el hábito de la imparcialidad. Aunque nos gustaría que el Tarot nos proporcionara unas respuestas claras y especialmente rápidas a nuestras preguntas —y, de hecho, precisamente por eso—, resulta más útil ejercitar la paciencia y observar primero sin intentar evaluar las intuiciones que la carta nos aporta.

Por cierto, esta es probablemente la diferencia más importante entre los principiantes y los usuarios más avanzados del Tarot: el novicio cree que lo esencial es la carta en sí misma mientras que el avezado ha aprendido que la forma de mirarla es igual de importante.

Cuanto más preparados estamos para sumergirnos en la imagen —a lo mejor probando distintas perspectivas o adoptando la postura de la figura—, más rica resulta al final la cosecha o más inesperada la solución.

### 9. Una interpretación solo está completa cuando ha tenido consecuencias prácticas

Todos nos beneficiamos más del uso de las cartas del Tarot cuando estamos dispuestos no solo a buscar información teórica sino también a sacar conclusiones prácticas. Los resultados prácticos son el único criterio que nos permite evaluar si una interpretación era «correcta» para nuestra situación personal.

### 10. Disfruta la magia del momento

Cuando echamos las cartas podemos disfrutar de dos tipos de momentos mágicos: por un lado está la magia de las imágenes, la interacción de puntos de vista y perspectivas, y por el otro el encanto del tiempo, su cualidad, su «momentaneidad infinita».

Para disfrutar plenamente de la fascinación de este misterio resulta útil considerar cada tirada como algo absolutamente nuevo, prístino, libre de toda experiencia anterior. Evidentemente esto no significa que tengamos que ignorar todo lo que haya sucedido en el pasado; es más bien permitir a cada carta y a cada tirada la oportunidad de recibir nuestra atención abierta y sin prejuicios. Como si cada vez fuera la primera.

# *10 consejos útiles para la interpretación*

**1** **Las pistas más importantes pueden estar al fondo**
Muchas cartas muestran una figura con varios elementos significativos a su espalda. Lo que sucede «detrás de la espalda» es, para uno mismo, algo que no ve, sombrío, algo a lo que no se tiene acceso consciente (por ejemplo, el punto vulnerable que tenía Sigfrido entre los omóplatos, en la *Saga de los nibelungos*). La única forma de comprender la plena trascendencia de este tipo de cartas es tomar en consideración el hecho de que la figura de la imagen puede encontrarse ante un problema que aún no ha visto. Nosotros sí podemos ver lo que tiene a su espalda pero la figura en sí quizá no sea consciente de ello.

**2** *Pars pro toto* **(la parte representa el «todo»)**
El caracolito que aparece en la imagen del Nueve de oros o la diversa cantidad de aves que aparecen en las cartas de la corte de espadas son detalles que poseen significados (tanto positivos como negativos) que tipifican la carta como un todo.

**3** **Los colores por sí mismos explican muchas cosas**
**Blanco:** el punto de partida (como una hoja en blanco) o la culminación y la sanación; deslumbramiento, vacío o un nuevo territorio intelectual.
**Gris:** estado inconsciente (en un sentido psicológico, la «sombra») o indiferencia consciente, es decir, equivalencia o falta de prejuicio.
**Negro:** lo desconocido, las entrañas de la tierra o el significado interior de una situación dada, una «caja negra», sombra visible, oscuridad mental o emocional o un territorio nuevo.
**Rojo:** corazón, mentalidad o disposición, voluntad, amor, ira, sangre y suelo.
**Amarillo:** consciencia, alegría de vivir; envidia, disonancia mental («estridencia»).
**Dorado:** sol, ser consciente, eternidad; envidia, avaricia, deslumbramiento, pompa.
**Naranja:** vitalidad, calor, la mezcla del rojo y el amarillo, arbitrariedad.
**Azul:** indiferencia, frialdad, anhelo, melancolía, sentimentalismo, embriaguez.
**Azul claro:** aire, cielo despejado/el Paraíso; agua clara, espiritualidad; también ser «el ojito derecho», idolatría.

**Verde:** frescura, juventud, prosperidad, inexperiencia, inmadurez.
**Verde oscuro:** cercanía con la naturaleza, vegetativo, dilatado, duradero.
**Beis:** el cuerpo humano, corporalidad.
**Marrón:** con los pies en la tierra, «hijo de la tierra», enraizado, de la creación.
**Violeta:** experiencia al límite; la mezcla del rojo y el azul.

Este breve esbozo ofrece las interpretaciones básicas más habituales de los colores dentro del contexto de la cultura occidental y proporciona un punto de partida fiable para la interpretación.

### 4 El color del cielo revela muchas cosas

Tener en cuenta el color del cielo de una carta dada te ofrece una clave simple pero importante para su interpretación.

### 5 No interpretes excesivamente los números

Los números están ahí para que juguemos con ellos y para contar; no poseen ningún significado interior que suela considerarse válido. Las afirmaciones multiusos, como «el 5 significa una crisis» o «un 6 siempre significa armonía», están muy alejadas de la interpretación seria y fiable.

Es evidente que los números pueden tener un significado simbólico, como sucede con «4711», «1945» o «9/11».

Un 1 puede representar la unicidad pero también la unidad, la monomanía, la soledad y todos aquellos términos en los que encontramos el significado de «uno solo». El concepto de «dos» aparece en palabras como doble, dúo, gemelo, etc. y también en frases como «dos es compañía», «dar la vuelta», «doble personalidad», etc.

De todas formas, los números no tienen en sí mismos un significado inherente y profundo. Si el autor de un libro sobre interpretación escribe, por ejemplo: «El 5 es típico de una crisis, tal y como muestra la imagen…», esto no significa más que una proyección de su propia convicción sobre la carta del 5 de lo que sea (es decir, que necesariamente está relacionada con una crisis), pero el número 5 en sí mismo es bastante inocente y podemos decir taxativamente que no va unido a la idea de crisis.

Por regla general, solo los valores funcionales de los números tienen algún significado en la interpretación del Tarot: por ejemplo, $2 + 3 = 5$. Los usuarios avanzados del Tarot pueden probar unos ejercicios interesantes relacionados con estos métodos.

**6** **Presta mucha atención a las proporciones**
En la imagen del Cuatro de bastos, las figuras tienen un tamaño mucho menor que en las otras cartas; se «quedan cortas». Pero a lo mejor tienen una altura normal y se las ha pintado así de pequeñas para enfatizar el tamaño comparativamente enorme de los bastos. Este tipo de detalles aparece en muchas cartas.

**7** **Los puntos ciegos son puertas a nuevos puntos de vista**
Si descubres que no puedes evitar considerar una carta determinada con una perspectiva especialmente positiva o negativa, puedes estar seguro de que has descubierto uno de tus puntos ciegos. Lo mismo sucede si un mazo concreto de Tarot es muy bueno en líneas generales pero en una o dos de las cartas tienes una sensación muy fuerte de que el artista se ha equivocado; esto suele ser una indicación bastante fiable de la existencia de un punto ciego.

¡Pues qué suerte! En este tipo de situaciones lo que sucede casi siempre es que el punto ciego ha surgido no a causa de las cartas del Tarot sino porque ya estaba presente en tu vida; el Tarot no ha hecho más que sacarlo a la luz. Lo más importante en un caso así es darse tiempo. Concede al punto ciego todo el tiempo que necesite para hacerse patente. Serás recompensado con la sabiduría nueva que este proceso trae consigo.

**8** **Una carta en la que no aparece una figura humana tiene algo que decirnos**
En algunas de las cartas del Tarot Rider/Waite, como la del Ocho de bastos, por ejemplo, no aparece ningún ser humano. Esto significa siempre una advertencia contra el peligro de perderse a uno mismo. Siempre incluye un impulso a expandir la consciencia en aquellos procesos que son de más entidad que la propia persona.

**9** **Cada uno de los símbolos está abierto a múltiples interpretaciones**
Un lobo (como el que aparece en la carta de La Luna, por ejemplo) puede ser un lobo malo que simboliza la avaricia, la voracidad, la rapacidad y un poderío abrumador (el lobo malo de los hermanos Grimm) pero también puede ser un indicio de la existencia de instintos protectores y fuerzas primigenias (como en la colección de mitos titulada *Mujeres que corren*

*con los lobos*, de Clarissa Pinkola Estés). Y lo mismo sucede con todos los detalles de todas y cada una de las cartas.

Es por eso que echar las cartas del Tarot no puede resultar aburrido, porque uno está constantemente encontrando interpretaciones nuevas de las cartas y sus símbolos.

## 10 Las cartas de la corte representan personalidades desarrolladas

Una buena forma de adquirir independencia en poco tiempo en la interpretación de las cartas es concentrarse en los cuatro palos (véase página 34). Podemos también considerar las cartas de la corte (Reina, Rey, Caballero y Sota) como personalidades que nos ayudan a comprender mejor estos cuatro elementos.

Cada carta de la corte representa un tipo ideal, una persona con dominio completo y soberano sobre el elemento en cuestión.

Cada una de las figuras de la corte de cada palo muestra unas cualidades específicas:

**La Reina:** impulsiva, iniciadora, investigadora (tipo agua).
**El Rey:** exhaustivo, intenso, que consolida (tipo fuego).
**El Caballero:** magnifica, expande, saca consecuencias (tipo aire).
**La Sota:** convierte algo en tangible a partir del elemento en cuestión o con él (tipo tierra).

# Un repaso a los Arcanos Mayores y Menores

Los cuatro palos (bastos, copas, espadas y oros) contienen 56 cartas y todos juntos constituyen lo que se denomina Arcanos Menores (la palabra arcano significa «secreto o misterio»). El quinto grupo es el formado por las 22 cartas de los Arcanos Mayores: los «grandes misterios». Una característica de las cartas de los Arcanos Mayores del Tarot Rider/Waite es que son las únicas que están encabezadas por un número y tienen un nombre en la parte inferior.

## Términos clave relacionados con las 22 cartas de los Arcanos Mayores

**I–El Mago:** la propia existencia de la persona. Habilidades y potencial.

**II–La Suma Sacerdotisa:** la voz interior, la opinión de la persona, el sentido de uno mismo.

**III–La Emperatriz:** naturaleza (y naturalidad, obviedad, espontaneidad), fecundidad, experiencia como mujer/con las mujeres.

**IV–El Emperador:** determinación, pionero, experiencia como hombre/con los hombres.

**V–El Sumo Sacerdote:** aquello que es sagrado en los asuntos cotidianos.

**VI–Los Amantes:** el Paraíso, perdido y redescubierto.

**VII–El Carro:** recorrer nuestro propio camino; «el camino es el objetivo».

**VIII–La Fuerza:** lo salvaje y la sabiduría. Aceptarse plenamente a uno mismo.

**IX–El Ermitaño:** alcanzar el orden en la vida, «organizar las cosas».

**X–La Rueda de la Fortuna:** control de los cambios internos y externos.

**XI–La Justicia:** reconocimiento del otro/de los otros. Las verdaderas necesidades de la persona.

**XII–El Colgado:** pasión. Sentimientos intensos.

**XIII–La Muerte:** soltar amarras y recoger la cosecha.

**XIV–La Templanza:** los objetivos y el plan de vida de la persona. Soluciones.

**XV–El Diablo:** establecer las prohibiciones necesarias y romper las falsas.

**XVI–La Torre:** liberación, fuegos artificiales, suavizar las áreas encallecidas.

**XVII–La Estrella:** la estrella del alma.

**XVIII–La Luna:** regreso de lo que ha sido reprimido, liberación.

**XIX–El Sol:** un punto soleado, un estado de consciencia.

**XX–El Juicio:** el Día del Juicio es hoy.

**XXI–El Mundo:** mundo viejo y mundo nuevo, brote, realización.

**0/XXII–El Loco:** ingenuidad o culminación, el absoluto.

## *Las 10 interpretaciones más importantes de los bastos*

**Elemento:** Fuego.
**Significado básico:** impulsos y actos.
**Mensaje concreto:** «¡Algo tiene que suceder!».
**Realización práctica:** mueve y sé movido.
**Término clave:** la voluntad.
**Función psicológica** (según C. G. Jung): Intuición: comprensión instantánea y holística.
**El camino de los bastos:** purificación, purgatorio, el ave fénix que resurge de sus cenizas.
**El objetivo de los bastos:** ¡quemar! con pasión e intensidad toda una vida, buscar y encontrar el gran sentido de la vida de la persona, someterse por completo y, de esa forma, recuperar las energías ya utilizadas.
**Asociaciones:** el símbolo del falo, la escoba de la bruja, la raíz (y el ancestro), el brote (y el descendiente), rama, bastón de caminante, bastón, garrote.
**Consignas:** «En el principio fue el hecho», «Un hombre (mujer) de acción», «¿Cómo puedo saber lo que quiero antes de ver lo que hago?».

## *Las 10 interpretaciones más importantes de las copas*

**Elemento:** Agua.
**Significado básico:** sentimientos, anhelos, creencia.
**Mensaje concreto:** «¡Todo depende de las convicciones interiores!».
**Realización práctica:** déjalo que fluya; recibir algo o dejar que otros reciban.
**Término clave:** el alma.
**Función psicológica** (según C. G. Jung): sentimiento.
**El camino de las copas:** bautismo, muerte y renacimiento en un nivel psicológico.
**El objetivo de las copas:** ¡fluir! Dar al agua una forma concreta, dar a los sentimientos su expresión. El canal o el cauce del río son restricciones que permiten que fluya el agua que está en ellos.
**Asociaciones:** el regazo femenino, el grial, cálices, la copa de licor, bañera, piscina; el océano, ducharse, beber, etc.
**Consignas:** «El agua es el manantial de la vida», «Todo fluye», «Sigue la corriente».

## *Las 10 interpretaciones más importantes de las espadas*

**Elemento:** Aire.
**Significado básico:** las armas del intelecto.
**Mensaje concreto:** «¡Esto hay que solucionarlo!».
**Realización práctica:** captar intelectualmente un problema, verificación, evaluación.
**Término clave:** la mente
**Función psicológica:** (según C. G. Jung): pensamiento.
**El camino de las espadas:** aprender mediante la experiencia.
**El objetivo de las espadas:** ¡hacer más ligera la carga!
**Asociaciones:** caballerosidad, gentileza, madurez, las espadas a la reja del arado.
**Consignas:** «Pensar es uno de los mayores placeres de la humanidad», «El conocimiento sin conciencia es una cosa triste», «Aquel que ha aprehendido su situación no puede ser fácilmente refrenado».

## *Las 10 interpretaciones más importantes de los oros*

**Elemento:** Tierra.
**Significado básico:** talentos (tanto monedas como aptitudes/facultades).
**Mensaje concreto:** «¡La experiencia es la madre de la ciencia!».
**Realización práctica:** o bien se acepta un resultado… o se rechaza y se busca otro nuevo.
**Término clave:** el cuerpo, la materia.
**Función psicológica:** (según C. G. Jung): percepción (sensorial).
**El camino de los oros:** multiplicación de los talentos de la persona y recoger los resultados.
**El objetivo de los oros:** ¡riqueza y bienestar!
**Asociaciones:** tálero, dólar, las dos caras de la moneda. Las impresiones que nosotros mismos hemos experimentado y que transmitimos a los demás. Las pistas que encontramos y las que dejamos.
**Consignas:** «La verdad es lo que da fruto», «Tener talento y no utilizarlo significa desperdiciarlo», «¡Hemos heredado la tierra de nuestros padres y la hemos tomado prestada de nuestros hijos!».

# Símbolos e interpretaciones importantes

# Los 10 símbolos más importantes

### Varita mágica – ❶

**Una vara; dos extremos:** 1 se divide en 2 partes y dos polos se convierten en 1. La vara es en sí misma una especie de parábola: podemos separar cosas y volver a combinarlas de otra forma. También: «yo», individualidad, unicidad.

### Manto rojo – ❷

Energía, pasión, voluntad, sangre de vida (amor pero también venganza, rabia). **Positivo:** vivir por unos objetivos que merecen la pena y vivir siguiendo los deseos del corazón. **Negativo:** falta de motivación, egoísmo, solo importa la voluntad de uno mismo.

### Túnica blanca – ❸

Igual que la luz blanca en la que se combinan todos los colores del arcoíris; un nuevo comienzo, culminación, logro. **Positivo:** falta de premeditación, inocencia. **Negativo:** credulidad, tener que empezar de nuevo una y otra vez.

### Basto, espada, copa y oro

Dote; lo que la vida te da; tareas que deben ser cumplidas; las **«herramientas de la magia»**: voluntad, intelecto, sentimientos, corporeidad.

### Mesa con marcas – ❹

Banco de trabajo, realidad, altar. **El estado actual de conocimiento del que depende el individuo:** la herencia del pasado, misterios y soluciones tradicionales, retos actuales y tesoros ocultos.

### Rosas y lilas

De nuevo los temas del rojo y el blanco (véanse las vestiduras de la figura). **La rosaleda: positivo:** una promesa de felicidad y éxito, transformar la tierra en un jardín. **Negativo:** insistir en nuestros derechos, aislamiento, soledad.

### Figura del ocho horizontal (lemniscata) – ❺

Montaña rusa. **Positivo:** infinito, equilibrio, movimiento perpetuo, buenas vibraciones, vitalidad, tomar parte en la eternidad. **Negativo:** perseguir nuestra propia cola, inquietud, repetición sin progreso.

### Gestos de los brazos – ❻

«Como arriba es abajo». El individuo como vínculo de conexión entre el cielo y la tierra. El hombre como «canal». La relación entre la posibilidad y la realidad. El éxito de la unión de pensamiento y obra.

### El cinturón de serpiente – ❼

Al igual que el ocho horizontal, un signo de infinito pero también «repetición sin fin». Simboliza el hecho de tirar lo que ya no deseamos, la necesidad permanente de renovación. **Pero también:** veneno, tentación, manipulación.

### Fondo amarillo

El sol pero también la búsqueda de sentido y la envidia, oro y avaricia. **Peligro:** al acercarse demasiado al sol el hechizo puede deslumbrar. **Positivo:** iluminación también para los «otros» lados = estado fiable de conciencia.

# I-El Mago

*La carta de la unicidad y la singularidad. Tú también puedes hacer cosas mágicas y vas a ser testigo de milagros. Toda persona es especial y tiene su propio derecho individual a la eternidad. Tú también vas a conseguir algo que nadie ha conseguido anteriormente.*

¡Marca la diferencia! ¡No seas bueno, sé magnífico!

### ■ Significado básico

Hoy en día, la magia ha adquirido un significado asombrosamente personal; ya no es aquello basado en la utilería, los trucos o un esfuerzo de la voluntad. Vamos recogiendo experiencias en nuestro sendero propio de la vida e independiente, unas experiencias que «aún no ha contemplado ojo humano alguno» y encontramos o inventamos soluciones asombrosas una y otra vez. Esta magia es innegable pero no sobrenatural. Siempre está a nuestra disposición. Crece y florece cuando desarrollamos con éxito nuestro potencial personal.

### ■ Experiencia espiritual

Hacerse uno con uno mismo, con Dios y con el mundo: ¡el universo te ama y te necesita!

### ■ Como carta del día

¡Expande tus horizontes! ¡Aprovecha todas las oportunidades!

### ■ Como prognosis/tendencia

Cuando no pisamos nuestro propio camino, las cosas parecen estar gafadas. Coloca a tu persona en el centro de tu escenario; descubre tus talentos y las tareas que tienes encomendadas.

### ■ En el amor y en las relaciones

¡Con Dios y con amor, todo es posible! ¡Con perseverancia e ingenio puedes convertir tu mundo en un jardín de rosas!

### ■ En el éxito y en la felicidad

Tus ideas son lo que siembras. Nadie tiene las mismas que tú y nadie puede quitártelas.

# Los 10 símbolos más importantes

### B y J sobre las columnas – ❶

Según cuenta la leyenda, estas son las columnas del antiguo templo de Jerusalén: B y J significan Belcebú y Yavé respectivamente. Son también las iniciales de dos principios denominados Boas y Jakim (que se corresponden con el Yin y el Yang).

### La cortina

Es una línea divisoria entre el individuo y el ancho mar y, al mismo tiempo, es permeable para permitir la reconexión. El trabajo del alma se produce en la «pantalla interior» sobre la que se proyectan nuestras imágenes y sueños interiores.

### Palmeras/granada – ❷

La marca de aquello que es propio de la persona y también su apertura, ordenar según B y J = la fructificación de la vida espiritual. Esto es lo que significan la palmera y la granada. Además, cada una de ellas simboliza la sexualidad. Eso sí, a espaldas de la sacerdotisa.

### La corona de luna – ❸

La luna triple o corona de Isis, la diosa madre egipcia (aparece en muchas imágenes de la Virgen). Las tres fases visibles de la luna, **las tres etapas de virginidad, mujer adulta y ancianidad.**

### Los cuernos de Tauro/media luna creciente – ❹

La luna astrológica sale en el signo de Tauro (especialmente potente). **La era de las matriarcas** = prehistoria, edad de Tauro. **La luna hoy**: la noche, lo propio de la persona, espiritualidad, el subconsciente.

### El rollo de pergamino – ❺

Las cuatro letras revelan asociaciones con la Torah y también una versión de la palabra Tarot (véase X–La Rueda de la Fortuna). **Hoy:** El guion para el curso de la vida de la persona.

### La cruz – ❻

**Religión y espiritualidad.** La región del pecho, el corazón, es el lugar donde el alma recoge las impresiones, las ordena y genera opiniones personales y valores internos.

### Aguas abundantes

Mares de sentimiento, el flujo de la vida, la circulación del agua en el planeta, flujo y reflujo. La figura de la imagen tiene dos tareas: tener todo esto en cuenta y, sin embargo, mantener apartado aquello que es privado, su vida más íntima.

### La túnica flotante

**Positivo:** fluye, como el agua, siguiendo el ritmo de la luna y de las mareas. **Negativo:** igual que la Sirena, mitad humana y mitad criatura marina. No dejes que las emociones te ahoguen, desarrolla tu propia existencia.

### Fondo azul claro

**Los cielos** = El reino divino y el reino de la voluntad. **Azul claro** = cielo (despejado), agua (clara). **Positivo:** regocijo, voluntad, mente lúcida. **Negativo:** ingenuidad, confundir los deseos con la realidad. Y: «surgir de la nada», «el atractivo de lo lejano y desconocido».

# II-La Suma Sacerdotisa

*La historia y la leyenda hablan de sacerdotisas que poseían poderes de adivinación: Pitia de Delfos, las Sibilas (profetisas), Casandra de Troya y también religiosas y monjas. Hoy en día las vemos, igual que a todas las demás figuras del Tarot, como espejos de nuestra personalidad. ¡También hay una en ti!*

*Define tu propia opinión... ¡y vive según lo que esta te indique!*

### ■ Significado básico
Toda persona, toda criatura, tiene su propio valor. La cortina que aparece en la imagen simboliza nuestra pantalla interior sobre la que proyectamos todas nuestras impresiones y los acontecimientos psicológicos. Al mismo tiempo representa ese entorno esencial y conciso que todos necesitamos. En ocasiones, la tarea que debemos acometer es crear el espacio que necesitamos y, a veces, abrirlo al mundo.

### ■ Experiencia espiritual
Entender el significado personal de los pensamientos, las palabras o las obras a través de la meditación o la contemplación.

### ■ Como carta del día
En este caso, los consejos de otros no sirven. Mantén tu propia opinión.

### ■ Como prognosis/tendencia
En todo momento eres tu propio oráculo: aquello que piensas y crees es lo que se convierte en tu realidad, aunque proceda de tu imaginación. Por tanto: deja que los muertos entierren a los muertos y su acatamiento de las viejas costumbres. ¡Date a ti mismo —y a los demás— la oportunidad de descubrir lo que realmente eres!

### ■ En el amor y en las relaciones
El secreto de la Suma Sacerdotisa es su capacidad para percibir, ordenar y dar nombre a los sentimientos, las necesidades y las intuiciones.

### ■ En el éxito y en la felicidad
¡Actúa según lo que te esté indicando tu voz interior!

# Los 10 símbolos más importantes

### La postura de la figura

Erguida, majestuosa, segura de sí misma, con aplomo, relajada, motivada, concentrada. La suposición de que podría estar embarazada que aparece en algunas interpretaciones es puramente especulativa. Hay muchas formas de fecundidad.

### Cetro/signo de Venus – ❶

El signo de Venus está formado por un círculo y una cruz unidos = sol y tierra, alma y cuerpo. Esta unidad precisamente es típica de Venus y de la Emperatriz: «en cuerpo y alma», **la unión del sentido con los sentidos.**

### La túnica floreada – ❷

**Flores** = la hermosura de la naturaleza y el «florecimiento» de una persona. Las flores se parecen al signo de Venus. **Blanco, rojo, verde**: los colores del Mago y el verde de la naturaleza. Flores para las personas, ¡pan y rosas!

### El corazón gris – ❸

Un corazón grande, tranquilo, sin prejuicios; todas las criaturas y todos los impulsos tienen su oportunidad y un motivo para existir. Si el corazón es de piedra, la individualidad degenera en egoísmo y no deja tiempo para los demás.

### Trono rojo sobre suelo gris

**Rojo y naranja** = sangre de vida y pasión, la emotividad de la emperatriz. Pero está rodeada de gris, de sombra. **Positivo**: imparcialidad. **Negativo**: «piedras en lugar de pan», dureza de corazón, falta de amor.

### La corona de estrellas/laurel – ❹

La corona está decorada con 12 estrellas (las mismas que aparecen en muchas imágenes de la Virgen). Coger estrellas del cielo y hacerlas fructificar en la tierra (corona de laurel) es la tarea y el don de la Emperatriz (véase signo de Venus).

### Grano – ❺

**El símbolo de la fecundidad y de la recolección de la cosecha de la vida.** Nutrición (para el cuerpo y el alma), alimentación y cuidado de uno mismo y de los demás. Bienestar, comodidad, sensualidad, disfrute, «sentirse bien».

### Árboles/bosque

**La naturaleza alcanza su máxima expresión:** cada planta puede encontrar su lugar y tiene la oportunidad de crecer. «Vivir solos y libres como los árboles y en hermandad como el bosque, ¡ese es nuestro anhelo!» (Nazim Hikmet).

### Cascada – ❻

El río está conectado con su fuente y al mismo tiempo fluye y cae. ¡La Torre no es la única imagen asociada con el vuelo y la caída! **El fluir hacia adelante y el vínculo con el manantial, ¡ambas cosas son igual de importantes!**

### El color amarillo

Sol, consciencia de la propia consciencia, lo más alto y sagrado, búsqueda de sentido pero también envidia, oro, avaricia. **Peligro**: de espaldas al sol = represión. **Positivo**: ilumina también el «otro lado» = consciencia fiable.

# III-La Emperatriz

*La naturaleza pujante, tal y como aparece en la imagen, hace referencia a lo que nos rodea pero también al entorno personal. La «emoción», la expresión del sentimiento interior, es típica de Venus en la mitología antigua. Vivir estos aspectos femeninos no es solo «tarea de mujeres» sino algo que también los hombres deben asumir.*

La Emperatriz y Diosa del Amor que albergas en tu interior.

### ■ Experiencia espiritual
El término La Emperatriz evoca realeza, majestad, soberanía. Representa también a la gran diosa de la Antigüedad, a la deidad triple del cristianismo y de otras religiones, a la Madre de Dios (como sucede en los casos de Isis y María) y también a la diosa del amor, que ha recibido numerosos nombres: Astarté, Afrodita o Venus. Por último, esta carta es un espejo de la feminidad de la persona (y de los aspectos femeninos de los hombres). Refleja las experiencias personales de la mujer y/o con mujeres, la herencia de la madre, de la abuela y de todas las antepasadas.

### ■ Experiencia espiritual
El disfrute de los sentidos y de la sensualidad.

### ■ Como carta del día
Asumir la responsabilidad de tu propio bienestar, ¡cuidar de ti! Y expulsar de tu vida a las diosas falsas.

### ■ Como prognosis/tendencia
Para tu bienestar: ¡inventa normas que sean buenas para ti y respétalas!

### ■ En el amor y en las relaciones
Cuando amamos y somos amados, nuestra naturaleza personal florece. Allí donde el sentido y la sensibilidad encuentran una oportunidad para desarrollarse, el amor puede crecer y, con él, la belleza de ser.

### ■ En el éxito y en la felicidad
La clave: claridad, naturalidad y satisfacción.

# Los 10 símbolos más importantes

### Ankh/Llave de la Vida/ Cruz Ansata – ❶

Un jeroglífico (algo modificado). Representación estilizada de los órganos reproductores masculinos: la procreación de la vida, un símbolo de la renovación de la vida. De oro: vida eterna. También, una advertencia contra la avaricia.

### Orbe/manzana de oro – ❷

**El orbe con la cruz** = símbolo de poder. La manzana de oro, tal y como aparece mencionada en numerosos mitos y leyendas, representa la vida eterna y la fertilidad. **Negativo:** Rey Midas; todo lo que tocaba se convertía en oro, incluida su hija.

### Páramo/territorio nuevo – ❸

El paisaje: árido y vacío. **Negativo:** la fertilidad más maravillosa puede marchitarse ante el egoísmo y la crueldad (véase «Orbe/manzana de oro»). **Positivo:** gobernante = pionero en una tierra nueva; él, y solo él, puede hacer florecer el desierto.

### Cuatro cabezas de carnero – ❹

Aries es el primer signo del zodíaco y simboliza **la Pascua, la primavera,** la renovación de la vida. La liturgia cristiana de la Pascua de Resurrección lo refleja: «Esta tierra desolada se ha hecho como el huerto del Edén» (Ezequiel, 36:35).

### La armadura

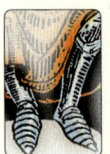
**Positivo:** bien preparado, caballeroso. Respeto pero también protección contra los demás. **Negativo:** abrirse paso a codazos, la arrogancia del poder, severidad sin fundamento, lastre innecesario, un coloso con pies de barro.

### El río – ❺

La imagen es la siguiente: el Emperador debe estar en todo momento en armonía consigo mismo y con la vida. Solo aquel que está dispuesto a cambiar puede seguir siendo fiel a sí mismo. **La tarea que se debe acometer es empezar una vez más el proceso de adquirir consciencia de uno mismo.**

### Negro–blanco–rojo

**Las etapas de la alquimia:** Negro (debajo del trono) = problemas no resueltos y oportunidades desperdiciadas. Blanco (barba y cabello) = pureza y sabiduría. Rojo (el color dominante de la imagen) = una solución nueva, iluminación.

### Barba blanca/cabello blanco

Símbolo de poder. Sabiduría del mundo, experiencia y permanencia. También un nuevo comienzo. «El maestro es el auténtico principiante», el maestro es aquel capaz de evaluar los cambios que se producen a diario en las situaciones y en las tareas que se tienen entre manos.

### El trono gris – ❻

El rectángulo = el mundo material con su extensión hacia los cuatro puntos cardinales. El Emperador representa esa facilidad que tenemos dentro de nosotros **para encontrar nuestro lugar en el mundo** y para gobernar luego por derecho propio ese lugar.

### La corona dorada – ❼

La corona cerrada simboliza **la autoridad de la persona**; no se reconoce ningún poder superior. **También:** el chakra dorado de la coronilla; una «cabeza de oro». **Oro** = consciencia, pero también avaricia.

**ARCANOS MAYORES**

# IV-El Emperador

*Gobernar la vida propia; tener el control de uno mismo; ser el primero; afrontar lo desconocido sin echarse atrás; encontrar un desierto y transformarlo en un jardín: esto es lo que puede hacer el Emperador. ¡Y, por supuesto, también está al alcance de las mujeres, no solo de los hombres!*

El Emperador y dios de la primavera que albergas en tu interior.

### ■ Significado básico
A esta imagen se le pueden asociar multitud de figuras paternales: emperador y rey, Zeus, Júpiter y muchas más. Es el espejo de la virilidad de la persona (y del lado masculino de la mujer). Esta carta está relacionada con las experiencias de la persona como hombre o con hombres, la herencia del padre, del abuelo y de todos los antepasados masculinos. El Emperador es esa parte de nosotros que explora posibilidades nuevas. El carnero (véase trono) es el pionero que llevamos dentro, el primer signo del zodíaco, el «principiante absoluto».

### ■ Experiencia espiritual
«Un hombre puede soportar cualquier cosa si se soporta a sí mismo» (Anónimo).

### ■ Como carta del día
Despierta tu espíritu vanguardista. Analiza la situación. Consigue cosas… para ti.

### ■ Como prognosis/tendencia
Podemos sacar mucho provecho de esta carta si la consideramos no solo representación del orden externo (familia, estado, etc.) sino también un símbolo de la autodeterminación personal.

### ■ En el amor y en las relaciones
Toda relación exige trabajar de firme para solucionar los problemas y descubrir nuevos aspectos del amor.

### ■ En el éxito y en la felicidad
Cada persona trae algo nuevo al mundo. Esta novedad necesita una oportunidad para desarrollarse.

# Los 10 símbolos más importantes

### Las figuras de la imagen

La famosa pregunta de Gretchen: «¿Qué piensas de la religión?» (*Fausto* de Goethe). Las tres figuras representan «sumos sacerdotes». Esta imagen muestra también muchos detalles que recuerdan a un papa cristiano.

### Las columnas grises – ❶

Enmarcan un edificio grande (academia, comunidad de creyentes). **Peligro**: petrificación. **Oportunidad**: sostenibilidad. Gris = indiferencia y el inconsciente; o neutralidad, ecuanimidad y tolerancia.

### La tiara/triple corona – ❷

La corona papal. El papa está considerado el representante de Dios en la tierra: ¡el término *pontifex maximus* significa «gran constructor de puentes»! **La triple corona representa este puente hacia la deidad triple.**

### El báculo triple del obispo – ❸
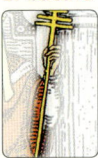
Un báculo de pastor. Un bastón de obispo tiene dos cruces. Las tres cruces, una encima de la otra, están reservadas para el papa como dirigente espiritual. Por tanto, esta carta nos está diciendo que **¡no debemos ser ovejas sino pastores!**

### La llave – ❹

Jesús utilizó el símbolo de la llave para dar autoridad a Pedro: «Yo te daré las llaves del Reino de los Cielos, y lo que ates en la tierra quedará atado en el Cielo y lo que desates en la tierra quedará desatado en el Cielo».

### La trinidad
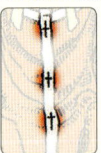
Visible varias veces en la imagen. Significado religioso: la Sagrada Trinidad. También: el culto a la gran diosa (virgen, madre, reina). Tres mundos (cielo, tierra, inframundo); tres niveles de consciencia (superego, ego, ello).

### La tonsura – ❺

Afeitar el pelo de la parte superior de la cabeza es algo que aún hoy en día practican algunas órdenes monásticas. Se supone que significa una apertura espiritual a Dios.

### Lilas y rosas

Como en el caso de El Mago y de algunas otras cartas, estas dos flores, rojas y blancas, significan pureza y amor, la base de toda religión verdadera.

### La bendición – ❻

Como arriba es abajo. Una parte es visible, la otra no. Como es en el cielo, así es también en la tierra. No son solo los sacerdotes los que tienen el poder de santificar; cualquier acto bueno es una bendición.

### La quintaesencia

El V de la carta y los cinco dedos de la mano que bendice indican la quintaesencia. Las fortalezas y las debilidades son un regalo de Dios. Lo que importa es lo que hacemos con ellas.

# V-El Sumo Sacerdote

*Esta carta se conoce también como El Hierofante, un término griego que significa «aquel que proclama lo sagrado». Es la designación que recibe el sumo sacerdote en algunas escuelas de iniciación. Esta carta recuerda este tipo de rituales y a los papas de la iglesia católica (y originalmente de toda la iglesia cristiana). Como indicamos para todas las cartas... ¡úsala como un espejo!*

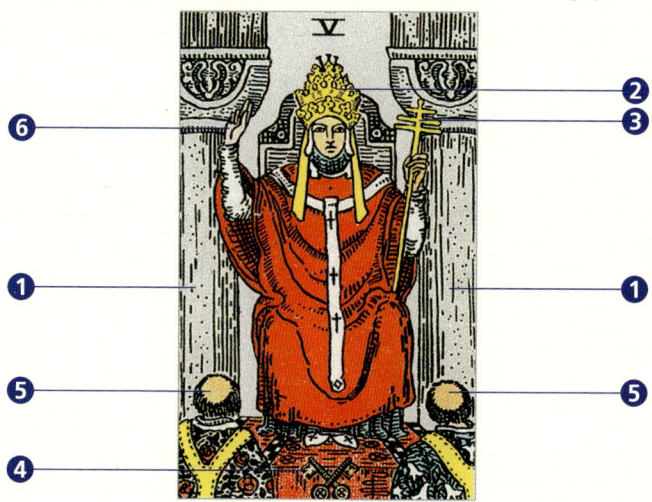

¡La llave está en tus manos!

### ■ Significado básico

Lo que en un tiempo fue tarea de los sacerdotes y del sumo sacerdote recae ahora en todos nosotros: la búsqueda de respuestas personales a los misterios grandes y pequeños de la vida. La organización de nuestros días festivos y días santos.

Tanto la figura principal como las secundarias que aparecen en la imagen simbolizan nuestras fortalezas y debilidades personales; todas juntas conducen a la quintaesencia, a la «chispa divina», a aquello que hay de sagrado en todo ser humano (y que a menudo está guardado y oculto).

### ■ Experiencia espiritual

Toda aquella persona que revela lo que es sagrado es un maestro espiritual para todos los demás.

### ■ Como carta del día

Comparte tus secretos con los demás y ábrete a sus necesidades.

### ■ Como prognosis/tendencia

Así es como puedes llegar a comprender el sentido de tu vida. Aquello que resulta lógico revitaliza los sentidos.

### ■ En el amor y en las relaciones

¿Qué acontecimientos, qué días del año, qué momentos clave de tu vida han sido significativos para ti y para las personas que tienes a tu alrededor? Santifica estas ocasiones grandes y pequeñas con reverencia y devoción. No hay nada que sea más importante en tu vida.

### ■ En el éxito y en la felicidad

La llave: la competencia de la persona.

# Los 10 símbolos más importantes

### Paraíso – viejo y nuevo

Eva sedujo a Adán con la manzana y Dios los expulsó del Paraíso. Lo que muchas personas no saben es que el concepto de «Paraíso recuperado», el Día del Juicio Final, está igualmente bien enraizado en la tradición cristiana.

### El Árbol de la Vida/el Árbol de la Ciencia – ❶

Con independencia de la historia del Paraíso, los dos árboles indican la polaridad de la vida, en especial los principios de género (masculino y femenino), naturaleza y voluntad, tierra y fuego.

### El ángel – ❷

El ángel construye un puente entre estos polos opuestos y ofrece un vínculo con el Altísimo, con Dios. **Positivo:** símbolo de un mayor potencial personal. **Negativo:** idealista de altos vuelos, observador, que todo lo sabe, incompetente.

### La separación – ❸

Reiner-Maria Rilke afirma: «Una maravillosa vida juntos […]: si las personas […] pudieran apreciar la distancia que las separa […] serían capaces de verse las unas a las otras de forma completa y ante el telón de fondo del ancho cielo».

### La desnudez

**Negativo:** falta de vergüenza, desfachatez, tosquedad.
**Positivo:** apertura, honestidad y, en último lugar pero no por ello menos importante, erotismo y deseo sensual. La carta número VI es también la principal carta de la sexualidad de todo el Tarot.

### La nube – ❹

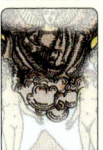
La nube y el ángel son como los intermediarios entre el sol y los amantes. Cuanto más gris es la nube, menos podemos ver a través de ella y más en sombra están los dos amantes de pie bajo ella.

### La sombra

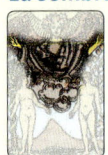
Se corresponde con el término psicológico de la «sombra» que comprende aquellas facetas de nuestra personalidad que, aunque están presentes, no podemos «ver». Estas facetas pueden muy fácilmente provocar problemas… ¡de la nada!

### El sol

**Positivo:** el ángel conecta a los seres humanos con el Altísimo. **Negativo:** junto con la nube, el ángel forma una barrera entre los seres humanos y el sol mediante los ideales poco claros, los pensamientos grises y los objetivos oscuros.

### La montaña – ❺

**Como aviso** puede significar: una montaña de dificultades entre los Amantes que es necesario superar. **En un sentido positivo** puede ser una señal de sus experiencias culminantes comunes, de estar «en la cumbre del mundo».

### La serpiente – ❻

Advierte contra los bajos instintos y motivaciones. Sin embargo, sus anillos indican también desarrollo, la sabiduría obtenida a partir de la experiencia.

# VI-Los Amantes

*Muchas personas conocen la historia de la expulsión de Adán y Eva del Paraíso pero su contrapartida es menos conocida: la Biblia y otras tradiciones hablan también del regreso al Paraíso, de la vida eterna que empieza el Día del Juicio Final. ¿Y cuándo es el Día del Juicio Final? ¡Hoy, por supuesto!*

Los mejores momentos de la vida…

### ■ Significado básico

Todos anhelamos el amor y a veces nos asusta amar o estar enamorados.
Mientras sigamos buscando a nuestra «media naranja», estaremos en peligro de partirnos por la mitad. En la búsqueda de acuerdos solo hay una persona capaz de entenderte totalmente… y esa persona eres tú. No tiene sentido esperar que tu pareja haga lo que tú puedes hacer mejor. Ni que te dé lo que solo Dios puede dar: paz espiritual, liberación, plenitud.

### ■ Experiencia espiritual

Los rayos del sol disipan las sombras…

### ■ Como carta del día

«Ámate a ti mismo y entonces podrás casarte con cualquiera» (Eva-M. Zurhorst).

### ■ Como prognosis/tendencia

El amor es una decisión: aquel que ama obtiene más en la vida que el que no lo hace.

### ■ En el amor y en las relaciones

Al final, el amor se libera de sus roles tradicionales en las relaciones y la familia y regresa a lo que siempre ha sido: el nuevo paraíso…

### ■ En el éxito y en la felicidad

El amor empieza y permanece con las «creaciones» comunes. Si carece de «valor añadido» (algo productivo que surja de ella), una relación no puede durar mucho tiempo.

# Los 10 símbolos más importantes

### Las esfinges – ❶

Las esfinges representan los misterios de la vida. Observa que no tiran del carro, que no están uncidas a él. Sencillamente corren delante. las dudas de hoy son el camino de mañana.

### El carro de piedra – ❷

El cubo representa el karma del espacio–tiempo que ocupamos en esta vida. No podemos salirnos de nuestro destino personal pero sí influir sobre la dirección que va tomando.

### El auriga coronado de laurel – ❸

La parte superior del carro representa nuestra subjetividad, todo aquello que podemos y debemos decidir por nosotros mismos.

### Corona y dosel de estrellas – ❹

La infinitud del espacio, la belleza y el orden del cosmos. También: un símbolo de libertad e independencia y de la verdad personal. (véase XVII–La Estrella).

### Las lunas – ❺

La polaridad del alma representada por la risa y el llanto. El carro representa las experiencias internas y externas que vamos recogiendo en nuestro camino por la vida y que forman nuestra personalidad.

### La armadura

«Duro por fuera, blando por dentro»; protegido, blindado, preparado para la siguiente fase del desarrollo. También: el personaje, la fachada exterior o incluso el escudo protector que presentamos al mundo.

### Varita mágica/bastón de caminante

Otra señal de preparación, de estar bien equipado, de expedición y de confiar en nuestros propios esfuerzos. Un signo de los poderes mágicos (El Mago) que nos acompañan durante toda nuestra vida.

### El sol alado – ❻

Signo ancestral del gran dios Sol. Es la *snitch* de las historias de Harry Potter, la diferencia entre victoria y derrota. Aquí es el símbolo del centro interior, el sol personal que nos acompaña en nuestro viaje por la vida.

### Lingam y Yoni – ❼

Representación india tradicional de los órganos sexuales masculinos y femeninos. En este contexto no inciden tanto en el aspecto sexual como en el equilibrio general entre opuestos. A menudo se consideran una cumbre, y eso nos ofrece otra posibilidad.

### Ciudad, tierra, río

Al fondo se puede ver al Padre Ciudad y la Madre Naturaleza. Como siempre, la figura principal puede no ser consciente de lo que sucede a sus espaldas = peligro de negación o ignorancia de los orígenes de la persona.

# VII-El Carro

*El Carro representa la experiencia de la personalidad que se forma mediante el esfuerzo consciente (el auriga) y los impulsos del inconsciente, el karma, la historia de nuestra vida (el carro de piedra). Las esfinges representan los misterios de la vida.*

*Atrevernos a dirigir nuestro propio camino.*

### ■ Significado básico

El enigma de la esfinge delante, el Padre Ciudad y la Madre Naturaleza detrás, las estrellas arriba, las obligaciones y los placeres sobre los hombros… la mejor forma de equilibrar todo ello es formular con claridad nuestros deseos. El «camino de los deseos» es el camino de la satisfacción de los deseos significativos y de la eliminación de los miedos injustificados. Mientras sigas este camino, todo lo que hagas merecerá la pena. De igual modo, los mayores logros carecen de valor si no sirven para avanzar en el «camino de tus deseos».

### ■ Experiencia espiritual

El camino es su propio objetivo.

### ■ Como carta del día

Quien no arriesga, no gana; ten claro lo que quieres y vive tu vida de acuerdo con ese conocimiento.

### ■ Como prognosis/tendencia

No puedes bajarte de tu carro, de tu karma. Sin embargo, sí puedes guiarlo en otra dirección.

### ■ En el amor y en las relaciones

Una buena carta para llevar un poco de aire fresco a una relación. Te concede un deseo a ti y a tu pareja.

### ■ En el éxito y en la felicidad

Cultiva tus propios gustos, aquellas preferencias y hábitos que te hacen bien. Sigue con todo tu corazón lo que te dicte tu juicio.

# Los 10 símbolos más importantes

### Las posturas de las figuras

La mujer blanca pasa los dedos de la mano derecha por la melena del león; su mano izquierda reposa sobre las fauces. Ambos tienen la espalda arqueada. **Positivo**: cuidado en todos los sentidos: cuidar y tener cuidado. **Negativo**: dependencia.

### El león rojo – ❶

Símbolo ancestral no solo del poder impulsivo y del fuego sino también de la voluntad, especialmente la Voluntad Verdadera. Uno de los símbolos más elevados de la primera alquimia moderna. Cultivo de la voluntad.

### La mujer blanca – ❷

La mujer blanca/sabia, la sabiduría de la naturaleza, la inocencia que domestica lo salvaje. La domadora de leones que desafía y fortalece las fuerzas que residen en este planeta y en cada uno de nosotros.

### La boca del león – ❸

En el regazo de la mujer: la vitalidad, el deseo y la sexualidad unen los fundamentos de la humanidad; salvajismo y sabiduría, instinto e intelecto, autoconservación y autopropagación. Exige y da fuerza.

### Mujer y animal I

Estamos contemplando una imagen primigenia: la bella y la bestia, King Kong y la mujer blanca, la princesa y el marido animal (en la leyenda), imágenes todas ellas de la redención de la naturaleza y de la necesidad que tenemos de ella.

### Mujer y animal II

«Todo lo transitorio es solamente un símbolo; lo inalcanzable aquí se encuentra realizado; la mujer, eterna, nos anima a seguir» (últimas palabras en *Fausto*, de Goethe).

### Las coronas de flores

**Flores** = la belleza del alma de cada una de las criaturas. Convertir la tierra en un jardín en el que cada flor puede florecer en su propia esencia. La carta del *Flower Power*.

### El ocho horizontal – ❹

Montaña rusa. **Positivo**: infinitud, equilibrio, movimiento permanente, buenas vibraciones, vitalidad, formar parte de la eternidad. **Negativo**: perseguir nuestra propia cola, inquietud, repetición sin progreso.

### Las montañas azules – ❺

**Positivo**: crear el «cielo en la tierra», experiencias cumbre, éxtasis. **Negativo**: las montañas azules están detrás de la figura. Más te vale mirar a tu alrededor.

### El cielo amarillo

Sol, pero también búsqueda de sentido y envidia, oro y avaricia. **Peligro**: acercarse demasiado al sol puede cegar. **Positivo**: iluminación de los lados más oscuros = consciencia fiable.

# VIII-La Fuerza

*La mujer blanca/sabia y el león rojo muestran el arquetipo de «la bella y la bestia». La liberación/salvación de cada uno de ellos depende del otro. Por eso esta carta describe también una cultura personal de alcanzar el éxito dejando florecer los poderes creativos.*

La Bella y la Bestia... ¡las dos están dentro de ti!

### ■ Significado básico

El león rojo y la mujer blanca representan las facetas más fuertes de la naturaleza humana: como personificación del salvajismo y de la sabiduría aumentan nuestra vitalidad y nuestra alegría de vivir. Al mismo tiempo nos advierten del peligro de sus versiones inconscientes, conocidas como anima y *animus*. Estas se expresan en los instintos «animales» y en los «pensamientos salvajes» que bullen en nuestro interior. Piensa en el Aprendiz de Brujo que no tenía ni idea de lo que estaba diciendo y provocando.

### ■ Experiencia espiritual

«Como arriba es abajo»: el hombre (y la mujer) tienen dos centros de la lujuria: ¡uno entre las piernas y el otro entre los oídos!

### ■ Como carta del día

La plenitud es estar presente al máximo, concentrar toda nuestra fuerza en centrarnos en el momento.

### ■ Como prognosis/tendencia

La llave de la potencia es el reconocimiento y la reconciliación de las fortalezas y debilidades.

### ■ En el amor y en las relaciones

Olvida los ideales inútiles y la actividad sin entusiasmo.

### ■ En el éxito y en la felicidad

Vivir en la plenitud de nuestra fuerza es estar totalmente presente en un momento dado. Esta carta es también la carta del apogeo y de las grandes experiencias en el sexo (véase «Montañas azules») y en todos los demás aspectos de la vida.

# Los 10 símbolos más importantes

### La postura de la figura

Su mirada se dirige tanto hacia adentro como hacia afuera. Su atención puede estar dirigida hacia aquí... o hacia cualquier otro sitio. Es de color gris pero trae luz y color. Tiene la barba de un anciano pero la nieve simboliza lo nuevo, la virginidad.

### Farol y sereno I – ❶

**Un símbolo tradicionalmente ambivalente:** por un lado el sereno representa la vigilancia en las horas oscuras. Por el otro se asocia con la somnolencia y la inactividad durante el día (véase «Estado del sereno»).

### Farol y sereno II

En la parábola bíblica de las vírgenes prudentes y las necias, solo las prudentes se acuerdan de llevar aceite para las lámparas. Están preparadas para la llegada del marido.

### La estrella de seis puntas – ❷

El hexagrama, la Estrella de David, que hoy en día forma parte de la bandera de Israel. Aquí, sin embargo, no tiene connotaciones políticas sino que es **un signo de la conjunción de dos triángulos (cielo y tierra), la luz divina que albergamos en nuestro interior**.

### El bastón dorado/amarillo – ❸

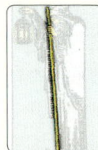

La luz del farol determina el color del bastón. Esta luz es la **luz y la fuerza** que toda persona trae al mundo con su personalidad individual.

### Las vestiduras grises

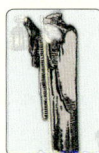

Este color, o su ausencia, nos advierte contra la incertidumbre y la falta de desarrollo personal. Nos impulsa a ser más objetivos reconociendo que nuestra propia luz y nuestro camino (el bastón) son más importantes que la extravagancia externa.

### El cielo verde grisáceo

Junto con el gris de las vestiduras, el color del cielo expresa también el hecho de retirarse de la **distracción exterior y concentrarse en lo esencial:** nuestra propia luz y el bastón dorado, ¡la chispa divina!

### La barba blanca – ❹

La barba ha sido desde siempre un símbolo de potencia. En ocasiones es también una expresión de disfraz, de esconderse detrás de un matorral creado por la propia persona. **La barba blanca** = la sabiduría de la edad, plenitud y un nuevo comienzo (véase nieve).

### La nieve – ❺

Haber olvidado una parte de uno mismo o incluso haberla dejado congelar. O: nieve como metáfora (como una hoja en blanco) de la plenitud y de un nuevo comienzo: ¡un signo de haber resuelto con éxito un problema!

### La posición de la figura en la imagen

Así como la nieve blanca simboliza la curación y la veneración de la tierra, la postura erguida sobre un resalte del terreno representa una atalaya desde la que hacer un repaso de nuestra propia vida y **hacer las paces con uno mismo, con Dios y con todo.**

# IX-El Ermitaño

*Suponer que el Ermitaño no es más que un símbolo del aislamiento o de la soledad desamparada es simplificar demasiado. Esta carta nos dice algo más, una cosa de especial importancia: El Ermitaño es aquel que afronta sus problemas en el momento adecuado y no intenta evitarlos.*

*Ten el farol preparado...*

### ■ Significado básico

Considerar que la vida de un ermitaño se limita al ascetismo y a la renuncia significa que no la hemos entendido. Los relatos históricos acerca de los ermitaños contienen siempre referencias a vivir la vida en la experiencia de Dios, en su presencia. En todas las religiones, esta condición se considera una metáfora del máximo estado de dicha. En otras palabras, lo que el no iniciado ve como renuncia y sacrificio, para el ermitaño es la llave de la felicidad trascendental. Este aspecto puede ayudarte a ver tu situación actual bajo una nueva luz.

### ■ Experiencia espiritual

Un camino independiente hacia Dios y con Él.

### ■ Como carta del día

En ocasiones esta carta nos indica que es la hora de retirarse pero normalmente nos sugiere que hagamos esfuerzos suaves pero constantes para tirar por la borda el lastre poco importante y concentrarnos en lo esencial.

### ■ Como prognosis/tendencia

Vas a pagar deudas, tanto materiales como morales. ¡Y te va a venir bien!

### ■ En el amor y en las relaciones

Una buena carta para afrontar problemas ya existentes y solucionarlos.

### ■ En el éxito y en la felicidad

En tu situación actual busca soluciones que produzcan resultados duraderos; no dejes las cosas para mañana; pon manos a la obra hoy mismo.

# Los 10 símbolos más importantes

### La esfinge con espada – ❶

La esfinge = misterio místico formado por (entre otras cosas) los cuatro elementos: Fuego, Agua, Aire y Tierra. Como reflejo de la imagen en su conjunto, la esfinge es una expresión de la unidad en la diversidad.

### La serpiente Tifón o Seth – ❷

En el periodo tardío del antiguo imperio egipcio, el dios Seth llegó a ser considerado la personificación del mal y la destrucción. En griego se le denominó Tifón. Aquí indica el principio negativo o descendente.

### El dios Anubis – ❸

Anubis = dios egipcio con cabeza de perro o de chacal que acompaña a las almas en su viaje a la encarnación. **Representa el principio positivo, constructivo.** Seth y Anubis = los altibajos de la suerte.

### Cuatro elementos/cuatro evangelistas – ❹

Lucas, el toro: tierra; Marcos, el león: fuego; Juan, el águila: agua (secuencia de símbolos escorpión —serpiente— águila); Mateo, el ángel o el joven: aire. Muchas otras equivalencias.

### Los caracteres latinos

T–A–R–O: Estas letras pueden utilizarse para formar la siguiente frase en latín: ROTA TARO ORAT TORA ATOR: La rueda del Tarot proclama la ley de Hathor (la diosa egipcia del destino).

### Los caracteres hebreos

Y–H–V–H: el tetragrámaton («compuesto por cuatro letras»), el nombre impronunciable de Dios Y–A–H–W–E–H o J–E–H–O–V–A. También, los cuatro elementos: Y = Fuego; H = Agua y también tierra; V = Aire.

### Los caracteres alquimistas

Como en las esquinas, como en las esfinges, aquí también podemos ver los cuatro elementos: mercurio (arriba) = Aire; azufre (derecha) = Fuego; Agua (abajo) = agua; sal (izquierda) = Tierra.

### El triple círculo

Vemos tres círculos (junto con el centro hay cuatro etapas de expansión). Este elemento está también relacionado con la **multiplicidad y la unidad**, con el mundo interior y el exterior, con el microcosmos y el macrocosmos.

### Los radios y el cubo de la rueda

Los radios son caminos desde el interior hacia el exterior... y viceversa. **La doble tarea:** por un lado, crecer para superarse a uno mismo y descubrir el mundo. Por el otro, retirarse hacia adentro de uno mismo y encontrar el propio ser interior.

### Libro y alas – ❺

Los seres humanos son las únicas criaturas capaces de aprender a partir de la experiencia de otros. Las soluciones existentes, nuestras experiencias de éxito y fracaso y las de los otros son la materia con la que fabricamos nuestras alas.

# X-La Rueda de la Fortuna

*La felicidad debe encontrarse y reconocerse. Ese es el significado de los libros abiertos: no es tanto una cuestión de erudición como de iluminación, nuestra propia visión del mundo, comprender las interrelaciones para así poder reconocer la oportunidad y la plenitud en aquello que nos proporcione la suerte.*

«La felicidad consiste en tener un talento para la suerte» (Novalis).

### ■ Significado básico
La esfinge es un ser compuesto por partes elementales: torso de toro (Tierra), zarpas y cola de león (Fuego), rostro de ángel o de persona (Aire) y alas de águila (en este caso, las alas han sido sustituidas por la espada: Agua). Diversidad y unidad, continuidad y cambio; todo esto expresa la esfinge por sí sola. Y los lenguajes y símbolos restantes repiten y magnifican este mensaje. La imagen está llena de ejemplos sorprendentes de diversidad y unidad en muchos niveles.

### ■ Experiencia espiritual
La felicidad está esperando que la encontremos... ¡y a menudo sencillamente se nos entrega!

### ■ Como carta del día
Estate atento a las conexiones entre las diversas áreas de la vida. ¡Haz un *collage* con ellas!

### ■ Como prognosis/tendencia
La cooperación con la suerte empieza con la aceptación alegre —aunque cautelosa— de las «coincidencias» que se van produciendo. ¡Empieza una época fantástica para ti!

### ■ En el amor y en las relaciones
Mirar a lo que está más allá de nuestra propia verja nos ayuda a desarrollar la tolerancia hacia el vecino ¡y a tener más espacio de maniobra cuando no conseguimos entenderlo!

### ■ En el éxito y en la felicidad
¡Es el momento adecuado para alcanzar dimensiones más elevadas y soluciones mejores!

# Los 10 símbolos más importantes

### La postura de la figura

Como en el caso del Mago, la postura de los brazos expresa el principio «como arriba es abajo» (sobre todo porque los brazos se prolongan con la balanza y la espada). Un «canal» que conecta el cielo y la tierra.

### Balanza y espada – ❶

«Armas del intelecto» clásicas. Balanza = evalúa y asegura. La espada = instrumento para poner en práctica un juicio pero también para llegar a él: el caso queda abierto para ulteriores investigaciones y análisis.

### Libra y deseo – ❷

Los deseos solo se pueden conseguir mediante las elecciones y el conocimiento de las alternativas. ¿Es por eso por lo que en muchos idiomas la balanza y lo que se pesa con ella (libra) se vinculan con la libertad (libre) y el deseo sexual (amor, libido)?

### La túnica roja – ❸

Afrontar conscientemente (utilizando las armas del intelecto) los instintos y las emociones (representadas por el color rojo dominante de la túnica): o control mental y censura o indulgencia consciente en el placer.

### Rojo–blanco–verde – ❹

Dominan el rojo (con violeta, véase a continuación) y el gris: corazón e intelecto. **El manto amarillo–verde** representa la naturalidad y el crecimiento y nos advierte contra la inmadurez. **Una pequeña mancha amarilla (el broche)**: una pequeña apertura.

### El tres y el cuatro de la corona – ❺

Más que un simple adorno: las tres «almenas» de la corona y la piedra preciosa cuadrada de debajo son un juego sobre las cualidades de trío y cuarteto como **epítomes de lo femenino y lo masculino, del mundo espiritual y el material.**

### El tercer ojo – ❻

La piedra preciosa es una referencia al tercer ojo (como en la carta del Dos de espadas). Representa la **intuición superior y la resolución de contradicciones.**

### Columnas grises/suelo gris

El gris es el color de la neutralidad, la ecuanimidad y la tolerancia. También de la indiferencia y la falta de consciencia. ¡El peligro de la fosilización y la oportunidad de conseguir la sostenibilidad!

### La cortina violeta

En el espectro cromático, el violeta es el color más cercano a la radiación invisible. La espada se extiende más allá de la cortina, un signo de la sensatez y la sensibilidad que se necesitan en este caso. La balanza da la medida de lo que no era seguro.

### El fondo amarillo

La cortina violeta bordea un amarillo brillante. **Negativo**: el sol, consciencia clara, está oscurecido por las normas y reglas. **Positivo**: contiene el exceso de entusiasmo, la envidia, el espejismo, la avaricia (amarillo).

**ARCANOS MAYORES**

# XI-Justicia

*Aquí debemos afrontar una experiencia límite que nos deja claro que existe algo que es mayor que nosotros. La palabra justicia no es un término abstracto sino una respuesta práctica a la cuestión de cómo podemos satisfacer y tener en cuenta nuestras necesidades y también las de los demás.*

*¡Cuánto más preciso sea el interrogatorio, más compasivo será el juicio!*

### ■ Significado básico

La palabra justicia no es un principio abstracto sino la cuestión práctica de cómo conciliar todos los deseos y miedos presentes, cómo tener en cuenta las experiencias y necesidades de todos los implicados. El rojo dominante es el color de la sangre de vida, de la libido (la energía de los instintos), una expresión de amor, voluntad, agresión o ira. La balanza y la espada representan consideración y evaluación cuidadosas, sopesar y tratar conscientemente las grandes pasiones.

### ■ Experiencia espiritual

¡Un juicio sabio depende de la rectitud del corazón!

### ■ Como carta del día

¡Descubre cuáles son las necesidades de los demás!

### ■ Como prognosis/tendencia

«Nuestras experiencias suelen mutar rápidamente en juicios. Recordamos estos juicios pero creemos que son experiencias. Evidentemente, los juicios no son tan fiables como las experiencias. Se necesita una técnica especial para mantener frescas las experiencias, para poder estar continuamente extrayendo juicios nuevos de ellas» (Bertold Brecht).

### ■ En el amor y en las relaciones

Busca la justicia en todas las relaciones.

### ■ En el éxito y en la felicidad

Ten el valor de criticar y el valor de alabar.

# Los 10 símbolos más importantes

### La postura de la figura I

La imagen se basa en las leyendas germánicas y celtas. Tanto el dios Odín como el gran mago Merlín pasaban días y noches en esta postura. También los rituales chamánicos incluyen el proceso de colgamiento.

### La postura de la figura II

Brazos y cabeza = triángulo; las piernas forman una cruz y un cuatro invertido. Juntos, el triángulo y la cruz = **símbolo alquímico del fuego: azufre** (véase X–La Rueda de la Fortuna), es decir, también es una carta fogosa.

### Cruz en T/cruz de Tau I – ❶

La letra griega tau (T latina) está formada por una línea vertical y otra horizontal como estas. **La cruz de tau es también el símbolo del afamado san Francisco de Asís que dijo**: «Lo que buscas es aquello que busca».

### Cruz en T/cruz de Tau II

**Negativo:** El travesaño horizontal limita el desarrollo del fuste vertical; la pasividad o el fatalismo restringen el potencial superior de la persona. **También:** T como símbolo de «¡romper!» y de «callejón sin salida».

### Cruz en T/cruz de Tau III

**Positivo:** se ha alcanzado la etapa final del desarrollo y se ha llegado a una conclusión suprema. **Cruz en Tau = la máxima felicidad, magnificencia y el sentimiento último.**

### La altura

El colgado tiene un punto de vista definido... que no se basa en una perspectiva terrenal sino en otra celestial. **Un mundo *surrealista* – literalmente «un mundo por encima de la realidad».**

### El colgamiento – ❷

Esta carta nos advierte contra muchos tipos de dependencia. También nos anima a tomar un descanso de vez en cuando (a relajarnos, a salir por ahí). De todas formas, en primer lugar es una inspiración para confiar en lo que uno cree.

### La corona radiante – ❸

Aquel que confía con toda su existencia en lo que considera sagrado experimenta las mayores cotas de fortaleza espiritual. **El halo (latín: *nimbus*) es un símbolo de los potentados, de los seres iluminados o de los santos.**

### La cuerda alrededor del pie derecho – ❹

**La pierna derecha = lado consciente**: es una cuestión de pasión y creencia a la que nos dedicamos conscientemente. **Advertencia:** contra las trampas del martirio excesivamente apasionado y las obsesiones incapacitantes.

### La inversión

**De una forma u otra** también dependemos de nuestras creencias. Es muy importante que estas no sean supersticiosas ni carentes de fe. Necesitamos fases de escrutinio en las que volvemos del revés a nuestros valores y a nosotros mismos.

# XII-El Colgado

*El Colgado tiene un punto de vista perfectamente normal, claro e inequívoco... lo que pasa es que su punto de referencia no es la tierra, no se define en términos terrenales. Su perspectiva es la celestial y trascendental.*

«Me vuelves del revés...» (Diana Ross).

### ■ Significado básico

El Colgado cree en aquello de lo que depende. Y depende de lo que cree. Esto resulta trágico cuando la creencia es una superstición. Por eso lo esencial es examinar nuestras propias creencias. Para ello a veces es necesario ponerse cabeza abajo. Alternativamente, la imagen puede indicar una pasividad inapropiada, una persona que se limita a «estar por ahí».

### ■ Experiencia espiritual

*Metanoita*: en griego: «¡daos la vuelta y cambiad!» (un lema de Francisco de Asís, cuyo emblema es la cruz en T).

### ■ Como carta del día

Analiza bien los puntos de los que dependen tus suposiciones.

### ■ Como prognosis/tendencia

De una forma u otra, este es el «final del camino». Una pasión que atestigua una gran historia de sufrimiento o un ardor estimulante.

### ■ En el amor y en las relaciones

La cabeza está en el punto más bajo, con el cuerpo encima. Esto puede indicar otro tipo de sabiduría que solo se alcanza cuando la persona se somete.

### ■ En el éxito y en la felicidad

Un cambio de consciencia te aporta una perspectiva totalmente nueva del mundo.

# Los 10 símbolos más importantes

### El jinete negro – ❶

Esta carta es también un espejo: no es solo cuestión de dejar ir sino también de concluir algo activamente. Advierte contra la dureza y la agresión injustificadas; estimula la acción positiva y constante.

### El caballo blanco – ❷

El caballo simboliza la fuerza, la vitalidad y los impulsos inconscientes. El blanco representa la culminación y un nuevo comienzo. El contraste entre el negro y el blanco recuerda los grandes extremos de la vida.

### Estandarte con corona de la recolección – ❸

La gran flor formada por cinco espigas de grano (pentágono, con la punta hacia abajo) deja muy clara una cosa: ¡es el tiempo de la recolección! La tarea de la Segadora no es solo destruir sino también dar entrada a la cosecha.

### El rey sin corona – ❹

La muerte del ego, el fin del poder terrenal. **Negativo:** pérdida de control, impotencia. **Positivo:** descubrirse la cabeza por respeto a las leyes de la vida y de la muerte como un aspecto del gobierno del Emperador sobre sí mismo.

### El obispo sin báculo – ❺

En contraste con el rey, los niños y el obispo/sumo sacerdote pueden hacer cara a la muerte. Pero el báculo del obispo está tirado en el suelo: el proceso de la muerte y la reencarnación es mayor que sus poderes.

### Las niñas/infancia – ❻

La niña mayor se da la vuelta. Solo la pequeña y el sacerdote encaran la Muerte. Como adultos debemos ser niños o sacerdotes para aceptar la muerte como una parte normal de la vida.

### El barco de las almas – ❼

Una imagen de la mitología egipcia que se refleja en muchas religiones: **el barco que lleva las almas de la muerte a la reencarnación**. Por eso, esta carta representa también las fases cambiantes de la vida.

### La puerta celestial – ❽

«Llamar a la puerta del Cielo»: la Muerte no es simplemente el fin. De hecho, es muy posible estar «muerto» mucho antes de morir... y seguir viviendo mucho después de haber muerto.

### La ciudad eterna – ❾

Una imagen del Nuevo Testamento: la ciudad eterna (o la Jerusalén eterna) es el paraíso al que regresaremos el Día del Juicio Final. Pues bien... ¡hoy es el Día del Juicio! Y la muerte y el cambio son los asuntos de hoy.

### El cielo gris

El sol dorado puede estar saliendo o poniéndose. El cielo gris nos advierte contra la indiferencia y la apatía... En este caso, en lo que se refiere a la muerte como parte de la vida. Y es una inspiración para tener un espíritu tranquilo y sereno.

# XIII-La Muerte

*Algo llega a su fin. Cuando algo agradable se acaba, nos entristecemos, y nos alegramos cuando se termina algo malo. Pero la imagen también nos recuerda que nos queda algo por hacer. Necesitas tu «agresión positiva», la fuerza necesaria para conseguir un cambio necesario y radical.*

*Suelta amarras para recoger la cosecha: ¡la segadora está lista para hacer su trabajo!*

### ■ Significado básico
La tristeza ante la muerte y la pérdida es inevitable. Pero no intentes reprimir el miedo a la muerte. Uno puede morir antes de morir… ¡y seguir viviendo después de la muerte! En cualquier caso, el significado de la muerte no es la nada: la segadora desea recoger la cosecha… aquí el jinete negro lleva una corona de la recolección en su estandarte.

### ■ Experiencia espiritual
«Y mientras no tengas esto: ¡muere y vuelve a nacer!
No eres más que un huésped sombrío en esta tierra oscura» (Goethe).

### ■ Como carta del día
¿Qué frutos están listos para ser cogidos? ¿qué resultados faltan todavía? ¿Qué es lo que ya no te sirve?

### ■ Como prognosis/tendencia
Los efectos de nuestra vida continúan sintiéndose más allá de la muerte. Por eso es de máxima urgencia que te cuestiones qué planeas experimentar, formar y recolectar durante esta vida.

### ■ En el amor y en las relaciones
Deja espacio libre para un nuevo amanecer.

### ■ En el éxito y en la felicidad
Si una vida ha de dar fruto, deben estar preparadas las condiciones para la recolección en su secuencia correcta. Pero nunca es demasiado tarde para empezar.

# Los 10 símbolos más importantes

### Un ángel en la tierra

 El ángel es la única figura de la imagen. No tenemos más remedio que captar nuestro «potencial celestial». Esta carta está relacionada con el «yo superior»… y también con el idealismo irreal.

### El peto/el amuleto – ❶

 El triángulo representa la femineidad y la espiritualidad; el cuadrado es la masculinidad y la materia: unir los aspectos contrarios en un estado de tensión productiva (sobre el amuleto: las cuatro letras hebraicas J–H–V–H).

### Mezclar/licuefacción – ❷

 Las contradicciones se resuelven y reconcilian creando entre ellas una diferencia potencial para que todo pueda fluir. Encontrar la medida correcta significa también alcanzar el estado correcto de tensión y el equilibrio de los contrarios.

### Los tres niveles – ❸

 **Abajo:** los polos (tierra y agua) aún sin reconciliar. **En el centro:** los elementos contradictorios encuentran una relación que los une; comienza el flujo. **Arriba:** unidad (el tercer ojo) y un abanico completo de diferencias (alas grandes).

### El camino largo – ❹

 La verdadera voluntad legendaria, el plan de vida. **Objetivo:** las tareas correctas en la vida que concluimos de manera favorable… ¡y que también nos llevan allí! **Advertencia** contra la palabrería, los ideales falsos y los procedimientos complicados.

### El agua azul

 El azul del agua reaparece en el azul de las montañas. Espiritualidad (mente y alma) que determina tanto el origen como el objetivo. El azul claro nos advierte contra la ingenuidad y los castillos en el aire.

### Las montañas azules – ❺

 Símbolo del matrimonio entre el cielo y la tierra, el misterio de la unificación que impregna esta carta. **Ejercicio práctico:** busca y encuentra tu propio destino en el estilo de vida que mejor armonice con tu persona.

### El sol/tercer ojo – ❻

 La cabeza del ángel y el sol que aparece por encima de las montañas tienen una forma similar, se corresponden el uno con el otro. Cuando la voluntad personal y la «voluntad» del destino se unen, se pueden conseguir grandes cosas.

### El cielo gris

 Pero el sol está a espaldas de la figura. **Una advertencia** contra las intenciones inadvertidas y olvidadas. El cielo gris nos advierte contra la indiferencia hacia los objetivos de la vida y nos anima a adoptar una actitud neutral.

### Alas de fuego – ❼

 Las alas exceden los límites de la imagen: siempre hay posibilidades nuevas; no se ve el fin. **Negativo:** purgatorio, perfeccionismo, huida hacia el espejismo. **Positivo:** purgar; combinar lo infinito con lo necesario.

# XIV-La Templanza

*La templanza ha sido considerada desde la Antigüedad como una de las virtudes cardinales. Los temas de esta carta son: encontrar la medida justa y aspirar a los mayores objetivos en la vida. Esta carta es una invitación a agarrar las contradicciones de la vida con las dos manos.*

*Cambiar el mundo… y divertirse haciéndolo…*

### ■ Significado básico

Los alquimistas hacían referencia al *misterium coniunctionis* («el secreto de la unión») que consideraban el objetivo de la «gran obra» (*opus magnum*), el matrimonio entre el cielo y la tierra.

Las mayores obras, sin embargo, son las tareas que duran toda la vida. Esto se refleja en el largo camino, unos proyectos tan grandes que ocupan toda una vida: los objetivos que despiertan al ángel que albergas en tu interior —tu yo superior—, tu gran potencial y le hacen rendir frutos.

### ■ Experiencia espiritual

Mientras no encontremos la «medida justa», seguiremos sufriendo el «purgatorio»: un proceso de perfeccionamiento.

### ■ Como carta del día

Agarra las auténticas contradicciones de tu vida con las dos manos…

### ■ Como prognosis/tendencia

… porque eso te permitirá ver las cosas como son y, no a pesar de ello sino precisamente debido a ello, ayudará a tu voluntad personal a alcanzar su objetivo.

### ■ En el amor y en las relaciones

Tus obras crean hechos nuevos… y a través de ellos te creas a ti mismo una y otra vez. Es importante dejar a tu pareja que participe en el proceso.

### ■ En el éxito y en la felicidad

Implanta un «taller creativo» en tu rutina diaria donde puedas reabastecer con regularidad tu «depósito» espiritual.

# Los 10 símbolos más importantes

### La postura de las imágenes

Los paralelos con VI–Los Amantes y V–El Sumo Sacerdote son evidentes. Quizá los dos «Amantes» hayan dedicado tiempo y energía a levantar la gran estatua del diablo sobre su base de piedra para sacarla de la oscuridad.

### Los cuernos – ❶

Un signo de naturaleza no civilizada. No significan tanto infidelidad (que a menudo se asocia con la imagen de los cuernos) como todo aquello que en nosotros sigue siendo «original» y no refinado… lo que puede ser una maldición o una bendición.

### Las alas de murciélago/garras – ❷

**Murciélago:** un animal de gran sensibilidad, nocturno, muy capaz de orientarse en la oscuridad. **Las garras:** ave, elemento aire. ¡El «demonio» como un espíritu de la tierra!

### La cabeza triangular – ❸

El pentagrama hacia abajo nos advierte contra la energía negativa que «arrastra todo hacia abajo». Es también una invitación a encontrar una quintaesencia personal que apunte hacia arriba, es decir, que esté «enraizada».

### Las patas de cabra – ❹

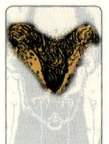
**¡Deja atrás los prejuicios!** La cabra simboliza los impulsos e instintos que posee todo animal. No etiquetes a nadie como «chivo expiatorio». **Y también:** sigue tus propios instintos.

### El cubo – ❺

**Símbolo de lo material.** El cubo negro (el *sancta sanctorum* en algunas religiones, como la Kaaba de La Meca): en el mundo occidental, un símbolo del material no trabajado y del yo no explorado.

### Las cadenas – ❻

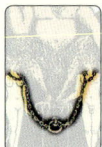
Nos advierten contra la dependencia, sobre todo en forma de círculo vicioso. **Positivo:** sin embargo, esta es la carta asociada con el yoga (literalmente: «yugo»). **Voluntariedad:** las cadenas están flojas. Aceptación de los vínculos materiales.

### La antorcha

Representa nuestra misión de **iluminar la oscuridad;** eso significa diferenciar entre lo positivo y lo negativo (p. ej. atracción y repulsión). El «diablo», sin embargo, al principio los mezcla.

### Los símbolos de la mano – ❼

Lo contrario o la extensión del signo de bendición del *Sumo Sacerdote*. Aquí: todos los dedos están abiertos = todo está a la vista. Miramos a una «caja negra» y descubrimos unos anhelos desconocidos hasta ahora… o algo que no es más que «basura».

### Los rabos – ❽

Como los cuernos: el hombre descendió del cielo a la tierra no solo como un ángel sino también como un mono que baja de los árboles. **La tarea es reconocer y dar forma a lo que queda de nuestra naturaleza primigenia.**

# XV - El Diablo

*En cuanto aparece esta carta queda claro que se ha cruzado el umbral del tabú. Lo que hasta ahora estaba surgiendo bajo la superficie ha quedado a la vista. Y esto supone una ventaja y un reto al mismo tiempo.*

*¿Tienes que tomar una decisión difícil?*

### ■ Significado básico

Por un lado, el diablo representa una especie de vampiro, un tormento terrible que lógicamente nos asusta. Podemos liberarnos de este aspecto de la oscuridad cuando conseguimos reconocerlo.

En un sentido bastante diferente, el diablo representa un niño desposeído. Es una parte de nosotros que hasta ahora hemos desatendido… aunque en secreto, y de forma justificable, llevamos mucho tiempo anhelando aceptar. Ha llegado el momento de rectificar.

### ■ Experiencia espiritual

«Ilumina la oscuridad y encontrarás mucha basura vieja… ¡y nuevos tesoros!».

### ■ Como carta del día

Tienes la oportunidad de quitarte un par de «cuernos» viejos.

### ■ Como prognosis/tendencia

Cuando iluminas la oscuridad, el «vampiro» se convierte en polvo y el «niño desposeído» que habita en tu sótano adquiere forma y color.

### ■ En el amor y en las relaciones

El hecho de que se descubran los aspectos problemáticos de una relación no es una señal de desastre ni, desde luego, algo de lo que debamos avergonzarnos; de hecho, suele ser un signo de calidad.

### ■ En el éxito y en la felicidad

Dedica todo el tiempo que necesites a afrontar lo desconocido y a aprender luego lo que te sirve y lo que no.

# Los 10 símbolos más importantes

### La postura de las figuras

Las dos figuras de la imagen pueden **no estar simplemente cayendo sino que quizá estén volando**. ¡Al fin y al cabo, saltar en paracaídas o desde los puentes son pasatiempos populares!

### La Torre – ❶

Es una protección, una atalaya, proporciona una perspectiva amplia y también altura, poder y seguridad. Por otra parte: una torre de marfil, arrogancia y aislamiento, encapsulamiento, una vida de encierro.

### Entre el cielo y la tierra

No vemos el momento en que las figuras saltaron o fueron empujadas. Ni tampoco dónde y cómo aterrizan. La energía especial de la imagen consiste en la condición de volar/caer, es decir, **de la existencia entre el cielo y la tierra**.

### La explosión – ❷

Al principio creemos que ha caído un rayo. Sin embargo, la torre con destellos y llamas es también un símbolo del orgasmo, el paradigma de las mayores energías humanas en el sexo y en todos los aspectos de la vida.

### Gotas de oro – ❸

Veintidós gotas en forma de la letra hebraica J (de fuego). Un recordatorio de Pentecostés (el «Espíritu Santo» en forma de lenguas de fuego). Gotas doradas de gracia o una tormenta de fuego destructora; extremos opuestos de energía.

### El relámpago – ❹

La forma dentada sugiere una W. Así como la varita mágica del Mago representa a una persona, esta W puede representar la unión de varias. Para bien o para mal, las formas más elevadas de energía de vida están relacionadas con los demás.

### Las llamas – ❺

Llamaradas de pasión. **Negativo:** destrucción, veleidad, agresión desbocada, «llamad a los bomberos». **Positivo:** estar inflamado de entusiasmo, disposición para ayudar y para la entrega, la llama divina en el hombre.

### La corona inclinada – ❻

En sentido positivo y negativo: pérdida de control, apertura, tanto la protesta como la contestación resultan insignificantes. **Negativo:** falta de autoprotección, personalidad débil. **Positivo:** falta de prepotencia.

### Caer y volar – ❼

Volar es un sueño ancestral de la humanidad. Y también en nuestros sueños volar y caer desempeñan papeles importantes. ¡El «miedo a volar» (Erika Jong) puede ser superado mediante la práctica positiva!

### El cielo negro

**Negativo:** pérdida de horizonte, de visión de conjunto y de orientación. **Positivo:** una luz en la oscuridad. Fuerza para un nuevo comienzo, para el camino hacia lo desconocido, para iluminar la noche. El camino hacia la estrella.

# XVI-La Torre

*Esta carta nos advierte contra los delirios de grandeza y la falta de constancia. Puede dar lugar a turbulencias pero al mismo tiempo muestra un estímulo (penetrante pero suave) de acabar con nuestra existencia en una torre de marfil cuando llega el momento adecuado.*

«Jinetes en la tormenta» (The Doors).

### ■ Significado básico
La Torre de Babel es una metáfora de la megalomanía humana. El resultado es no solo la destrucción de la torre sino también la «confusión de lenguas» babilónica; la gente deja de entenderse. Los sucesos de Pentecostés representan lo contrario: el «Espíritu Santo» desciende sobre los apóstoles en forma de tormenta y lenguas de fuego y, cuando estos empiezan a hablar, cada uno escucha a los demás en su lengua materna. En lugar de confusión se produce un levantamiento de las barreras del lenguaje y la incomprensión.

### ■ Experiencia espiritual
Pentecostés, la comunicación directa de corazón a corazón.

### ■ Como carta del día
¡Emplea toda tu energía! Y respira conscientemente.

### ■ Como prognosis/tendencia
El tema es reducir riesgos y también el deseo de «dar el salto» y «poner toda la carne en el asador». Aquí no se trata la cuestión del aterrizaje sino solo ese estado de existencia entre el cielo y la tierra.

### ■ En el amor y en las relaciones
Cuanto más actúes de forma consciente y directa, más experimentarás el amor y más protegido estarás contra las exigencias agresivas.

### ■ En el éxito y en la felicidad
Vive tu desarrollo como si fuese un experimento... ¡mantén los ojos bien abiertos!

# Los 10 símbolos más importantes

### La postura de la figura

**Dedicación y contemplación.** Quizá también una referencia a Narciso, que se enamoró de su propio reflejo. O puede que la figura esté buscando en vano su imagen en las aguas agitadas.

### Las jarras

**Capacidad espiritual,** la personificación de nuestros sentimientos. También, existen escritos antiguos que describen al hombre como un recipiente fabricado por Dios, un componente del ciclo de la vida (agua).

### Agua al agua/agua a la tierra – ❶

Aquí se simboliza el ciclo cósmico. Y también: un lugar para cada cosa y cada cosa en su lugar; parte de la energía se emplea en hacer fructífera la tierra y otra parte vuelve a fluir.

### Los cinco arroyos – ❷

La tierra es fructífera gracias al agua de vida. El hombre como parte de la Creación y como su compañero activo. Los cinco riachuelos representan también la quintaesencia de cada persona.

### La desnudez

**Negativo:** una advertencia contra la desvergüenza y la ordinariez. **Positivo:** veracidad personal, una belleza de cuento de hadas (en los cuentos de hadas europeos la belleza suele ser una alegoría de la veracidad viva y genuina).

### La estrella de ocho puntas – ❸

Las ocho puntas de las estrellas recuerdan a los diamantes. El diamante es un símbolo ancestral de lo que es puro, verdadero, claro, y también del núcleo purgado del alma, la esencia indestructible e inalienable que reside en cada persona.

### El pie en el agua – ❹

**Negativo:** no hay acceso a los sentimientos; la persona no se atreve a entrar en el agua. Es como si el alma estuviera congelada, incapaz de «dar el salto». **Positivo:** el agua sostiene, el alma y la fe proporcionan una base y un lugar desde el que contemplar el mundo.

### El árbol en la colina

Igual que la cumbre de la montaña que está al fondo, el árbol con sus raíces y su copa representa la **conexión entre el cielo y la tierra,** la unión gradual del microcosmos y el macrocosmos.

### El pájaro grande – ❺

Su pico largo indica que es un ibis. Los antiguos egipcios adoraban al dios Thot (Hermes para los griegos) y lo representaban con cabeza de ibis. Un ibis guió a Noé cuando terminó el Diluvio.

### El cielo azul claro

**Los cielos** = el reino divino y el reino de la voluntad. **Azul claro** = cielo (despejado), agua (clara). **Positivo:** desenfado, despreocupación, voluntad, mente lúcida. **Negativo:** confusión.

# XVII-La Estrella

*Utilizamos la imagen de La Estrella para reflejar nuestras mayores esperanzas… y también esos sueños fantásticos que han perdido el contacto con la realidad. Una advertencia contra el egocentrismo y el desprecio hacia el resto del mundo. Nos anima a descubrir dónde estamos y cuál puede ser nuestra contribución al cosmos.*

Nace una estrella; y las estrellas no caen de los cielos…

### ■ Significado básico

Todos nuestros sueños giran alrededor de esta estrella; la verdad personal es la fuente de los sueños de la persona. Esta fuente no puede secarse; solo hay que encontrarla y hacer lo que está haciendo la figura: cogerla con la mano y dejar que la tierra se vuelva fructífera. Entonces la estrella ilumina no solo la noche sino también el día… entonces esta verdad refulge en todo su esplendor.

### ■ Experiencia espiritual

Reconocer y aceptar nuestro lugar en el cosmos.

### ■ Como carta del día

¡Ábrete, contribuye! Desecha la falsa modestia y las inhibiciones para que la belleza de lo que eres alcance su plenitud.

### ■ Como prognosis/tendencia

Seguir nuestra propia estrella significa tener las cosas claras y darnos cuenta de nuestro sueño. Hay que trabajar las malas experiencias; esperanzas maravillosas soñadas hasta su conclusión y luego satisfechas.

### ■ En el amor y en las relaciones

¡Es el momento de descongelar tus sentimientos!

### ■ En el éxito y en la felicidad

No escondas tu luz bajo un arbusto… y no te olvides de que «solo» eres una parte de una Vía Láctea mucho mayor.

# Los 10 símbolos más importantes

### ¿No aparece ninguna figura representada?

Esta carta te advierte contra esos sentimientos que afloran con la luna llena y amenazan con tragarnos. Nos vemos absorbidos por ellos, incapaces de movernos ni de ladrar a la luna. **Positivo:** las puertas del Cielo están abiertas de par en par.

### Sol y luna – ❶

La luna llena, la media luna y el sol se funden en uno solo. **Negativo:** el día y la noche son uno, la persona vive siempre como si estuviera soñando. **Positivo:** la luna está totalmente iluminada; los deseos nocturnos se cumplen por el día.

### Cara de la luna – ❷

Aunque la luna representa los sentimientos vastos, oceánicos, el «inconsciente colectivo», sigue manteniendo sus características personales. **Al principio y al final encontramos las historias personales.**

### Gotas de oro – ❸

Quince gotas de oro forman la letra hebraica J y caracterizan un fluido reluciente, la transición entre el cielo y la tierra, **el vagar de las almas**, las «luciérnagas», la chispa divina.

### Perro y lobo – ❹

Perro = domesticado; lobo = salvaje. El camino serpentea a través de un crepúsculo de instintos animales. Los instintos y los impulsos ancestrales transmitidos de generación en generación se abren camino desde la fuente al azul de las montañas.

### Cangrejo – ❺

El crustáceo representa **sentimientos e instintos milenarios** que aparecen aquí... y que pueden ser afrontados y resueltos. Si no, se vuelven a sumergir y a esconder.

### Torres/puertas del cielo – ❻

Las puertas del cielo están asombrosamente abiertas. ¿Por qué no las traspasamos? Porque las torres son una advertencia contra la rigidez, contra la posibilidad de convertirse en estatua de sal, como la bíblica mujer de Lot.

### El camino largo

El camino de la vida completo; unificación del mundo y del inframundo; nuestros hogares gemelos en el aquí y ahora y en el más allá. Un símbolo de fe y de grandes sueños que abarcan toda una vida.

### Trozos azules y verdes

Lo inconsciente y primigenio (cangrejo) y las cumbres de las emociones y creencias (las montañas azules); es necesario resolver el conflicto y unir a ambos en las verdes praderas de la normalidad cotidiana.

### El cielo azul claro

**Los cielos** = el reino divino y el reino de la voluntad. **Azul claro** = cielo (despejado), agua (clara). **Positivo:** desenfado, despreocupación, voluntad, mente lúcida. **Negativo:** confusión.

**ARCANOS MAYORES**

# XVIII-La Luna

La Luna convoca a los impulsos ocultos, incluso a la criatura de las profundidades, es decir, a los instintos viejos y muy asentados. Y un cielo decorado con oro parece estar de repente al alcance de la mano. Esto puede trastornar, como una noche de luna llena. Una invitación y una exhortación a tener el valor de expresar tus sentimientos más fuertes.

La luna representa el inconsciente colectivo, los sentimientos oceánicos.

## ■ Significado básico

Con esta carta nos encontramos a menudo en un estado de ánimo que al principio somos incapaces de entender. Existe el peligro de verse arrastrado por estos arrebatos espirituales. Y la gran oportunidad consiste en experimentar empatía por todas las criaturas, sentirse en todas partes como en casa y asumir una identidad más amplia. Entonces podemos ver lo divino en cada situación y en cada cosa creada… y en nosotros mismos.

## ■ Experiencia espiritual

¡Empatía, no conmiseración! Ama, comparte, pero no te identifiques con las emociones de otras personas.

## ■ Como carta del día

Los sentimientos importantes y los asuntos fundamentales de la vida son realidades que deben vivirse con intensidad.

## ■ Como prognosis/tendencia

La promesa que contiene esta carta es la transformación de una vida de anhelos y deseos en otra de liberación y satisfacción energética.

## ■ En el amor y en las relaciones

Deja espacio a tu faceta nocturna (sin rendirte a ella). Lleva contigo a tu pareja.

## ■ En el éxito y en la felicidad

Haz las paces con tu Dios y con tu mundo. Esta carta es un estímulo a abrir el corazón y desechar la incomodidad.

# Los 10 símbolos más importantes

### La postura de la figura

La actitud del niño expresa abandono y apertura. Es cuestión de desarrollar la madurez (una estación avanzada en los Arcanos Mayores, es decir, **volver a ser como un niño siendo ya adulto**). Observa la facilidad con la que ondea el inmenso estandarte.

### El rostro del Sol – ❶

Así como la Luna representa el inconsciente colectivo, el Sol representa **el conocimiento colectivo, la conciencia** y la consciencia. Representa ese centro desde el que (debemos) organizar nuestra vida.

### Los 21 rayos – ❷

**Los 21 rayos muestran los otros elementos del Arcano Mayor** y revelan que esta carta se relaciona con algo más que los ratos de tomar el sol en la playa. Nos recuerda que todas las etapas de la vida exigen nuestra atención consciente.

### La pluma roja – ❸

**La llama de la vida y la llama de la alegría** (véase XIII– La Muerte y 0/XII– El Loco). Vitalidad, potencia, vivacidad. La pluma roja revela lo viva que está el alma y nos recuerda nuestro ser esencial y más interno.

### El estandarte rojo

Este estandarte, parecido a un gran tobogán, nos recuerda que somos seres llenos de energía vital. Y es el vínculo entre arriba y abajo, entre juventud y ancianidad: «El final es mi principio» (Tiziano Terzani).

### El caballo gris

**Blanco** = inocencia y sabiduría. **Gris** = falta de prejuicio o algo inadvertido, inconsciente. Quizá no somos conscientes del sol que tenemos a nuestra espalda y de la fuerza que nos sostiene (el caballo).

### La pared – ❹

El sol representa también el mundo del Altísimo y todo aquello que es santo. También esparce sus rayos por nuestro mundo pero esto está separado del reino de lo absoluto. **Establece límites con inteligencia… ¡y respétalos!**

### El girasol – ❺

¿Tiende el sol a cegarnos para que no veamos el lado oscuro de la vida, nos hace ignorarlo, apartarlo de nosotros? ¿O más bien nos ayuda a ver lo que hay? Desde los días de Vincent van Gogh, sol y sombra…

### Sol y sombra – ❻

… están inextricablemente unidos con el motivo del girasol. Las sombras nos hablan desde diversas partes de la imagen: la sombra gris entre las flores y el sol; la sombra sobre el caballo. El sol al fondo.

### El cielo azul claro

**Los cielos** = el reino divino y el reino de la voluntad. **Azul claro** = cielo (despejado), agua (clara). **Positivo**: alegría, ligereza, una voluntad clara, una mente lúcida. **Negativo**: idolatrar algo o a alguien; hacer castillos en el aire.

# XIX-El Sol

*El Sol simboliza la renovación diaria, la luz y el calor. Nuestro lugar soleado está allí donde podamos decir con plena convicción: «¡Esto es lo que busco!». Tanto el Sol como la consciencia humana se caracterizan por la creatividad del crecimiento y el desarrollo en múltiples facetas.*

*Cada día es un cumpleaños.*

### ■ Significado básico

«El nacimiento no es un suceso momentáneo sino un proceso permanente. Nuestro objetivo en la vida es llegar a nacer totalmente […], vivir significa nacer cada minuto» (Erich Fromm). Necesitamos este «estado permanente de nacer», es decir, modelar con autodeterminación nuestra vida de tal manera que no esté regulada por el hábito o la rutina sino por nuestra libre elección y nuestra voluntad. Eso significa sustituir la conducta conformista y el pensamiento convencional por un estilo de vida que sea realmente nuestro.

### ■ Experiencia espiritual

«Ama a Dios y luego haz lo que quieras» (San Agustín).

### ■ Como carta del día

No dejes que las cosas te desanimen. Si se interponen en tu camino… apártalas o encuentra una forma de rodearlas.

### ■ Como prognosis/tendencia

La parte buena de la edad y de la madurez es que la persona desarrolla una actitud más abierta. El Sol te da fuerza (véase «estandarte rojo») y te permite disfrutar como un niño por el simple hecho de existir.

### ■ En el amor y en las relaciones

Una señal prometedora para la relación de pareja (cuantas más, mejor), que resulta posible cuando tiene espacio para desarrollarse y cada miembro obtiene su ración justa de sol.

### ■ En el éxito y en la felicidad

Ten cuidado con el engaño y la superficialidad y protégete contra ellos.

# Los 10 símbolos más importantes

### El Día del Juicio Final

La Biblia no habla solo de la expulsión de Adán y Eva del Paraíso sino también de su contrapartida: **el Paraíso se recupera el Día del Juicio Final. Esta última parte es mucho menos conocida pero es muy clara en la tradición cristiana.**

### La postura de las figuras

Los gestos de las figuras pueden expresar despedida o reconciliación. Ambas cosas pueden ser importantes: se traza una línea debajo de todo lo que vino antes y se sacan los «esqueletos de los armarios».

### Trompeta con siete líneas – ❶

La trompeta del Juicio Final **despierta las energías dormidas y devuelve la vida a los difuntos**. Tú también puedes rechazar estos poderes… o afrontarlos. Y vas a oír muchas cosas.

### La cruz roja-anaranjada – ❷

Como todas las cruces, es un signo de diferenciación y conexión. La partida y separación por un lado y la reconciliación y unificación por el otro.

### El ángel – ❸

Las siete figuras que aparecen en la carta podrían representar distintas partes de ti… incluido el ángel, que representa **tu poder de motivación (despertar) y de transformación**. Te advierte contra las creencias etéreas y sin fundamento.

### Las seis personas

Podría tratarse de una familia, de un clan o de un grupo de amigos. **Y también**: las seis figuras son un espejo que refleja nuestros propios aspectos masculinos, femeninos e infantiles (incluso aquellos que no nos gustan tanto). Es necesario aclarar.

### La desnudez

Un aviso contra la falta de vergüenza y la grosería. Un impulso a afrontar la verdad desnuda. Apertura, honestidad, belleza y verdad; y también erotismo y deseo sexual.

### Los ataúdes/sepulcros abiertos – ❹

Se acabaron las «cajas negras». **Negativo**: el resurgir de lo que se había reprimido. Algunos deseos o miedos regresan una y otra vez porque no se han satisfecho ni resuelto. **Positivo**: liberación, franqueza, misericordia.

### Las montañas azules y blancas – ❺

Nirvana o edad del hielo: los deseos y miedos antiguos encuentran solución: el camino a un nuevo paraíso o maestría sobre problemas previamente no resueltos. Una inspiración para empezar un proceso de nuevos principios y transformación continua.

### El cielo azul claro

**Los cielos** = el reino divino y el reino de la voluntad. **Azul claro** = cielo (despejado), agua (clara). **Positivo**: alegría, ligereza, una voluntad clara, una mente lúcida. **Negativo**: ingenuidad, intoxicación.

# XX-El Juicio

*Podemos tomar el mensaje bíblico del Día del Juicio Final de forma literal: ¡hoy es el día! Todos y cada uno de los días hacemos lo mismo: nos despertamos y movilizamos todas nuestras energías. Y eso significa enterrar correctamente lo que está muerto y estar abierto a recibir el amanecer de lo que está por llegar.*

*El Día del Juicio Final es hoy.*

### ■ Significado básico

Estás sometido a grandes fuerzas y dispones de grandes fuerzas que puedes utilizar. Tienes la tarea y la oportunidad de resolver y transformar. Los deseos y miedos básicos, las culpas que echamos a otros y a nosotros mismos tienen que trabajarse una y otra vez hasta que las mazmorras del pasado queden limpias y la ciudadela del futuro tenga unos cimientos firmes. Solo entonces renacemos y disfrutamos de una calidad de vida nueva sin repetición agotadora.

### ■ Experiencia espiritual

La sensación de liberación tras la confesión, hablar las cosas, una declaración de amor…

### ■ Como carta del día

Traza la línea. Busca la reconciliación o asume las consecuencias y vete.

### ■ Como prognosis/tendencia

Todo es importante. Tomaste unas decisiones en el pasado y ahora eres libre de tomar otras distintas y elegir el camino a seguir.

### ■ En el amor y en las relaciones

Aprende a perdonar sin olvidar y sin aferrarte al rencor.

### ■ En el éxito y en la felicidad

Un descanso en la rutina diaria hace maravillas. Elige como guía algunos principios y visiones que se adapten a tus experiencias y necesidades. ¡Dispones de unas reservas de energía inmensas!

# Los 10 símbolos más importantes

### La postura de la figura

La figura está girada tanto hacia el observador como contra él: tranquila y agitada, medio vestida y medio desnuda. Entre dos alternativas, siempre en movimiento, **pero siempre siguiendo la corriente, equilibrando serenamente las contradicciones.**

### Dos varitas – ❶

El Mago lleva una sola varita (**un «yo»**), y el Mundo dos («tú» y «yo»). Con dos se pueden unir los cuatro elementos (señal de la cruz). **Negativo:** sigue habiendo inconsistencias.

### Las bandas rojas – ❷

Las dos bandas rojas reflejan la lemniscata, el signo de infinito. **Positivo:** equilibrio, infinitud, vitalidad. **Negativo:** atrapado en la rutina, repetición sin crecimiento ni madurez.

### La corona verde – ❸

Una corona de laurel y una corona para una tumba. La corona funeraria subraya los límites espacio-temporales de nuestra existencia en esta vida. La corona de laurel significa un éxito duradero cuando aprendemos a utilizar este marco.

### La elipse

Una elipse tiene dos puntos focales (que se corresponden con las dos varitas). A veces, sin embargo, es necesario salirse de la línea para alcanzar un acuerdo con las inconsistencias de la vida.

### El echarpe malva – ❹

«Todo ascenso a las grandes alturas se produce mediante una escalera en espiral» (Francis Bacon). **También:** un símbolo de la evolución, ADN, «una banda tejida sin parar». Un signo de desarrollo personal.

### Los cuatro elementos/ evangelistas – ❺

Toda persona tiene acceso a las posibilidades de los cuatro elementos (véase X–La Rueda de la Fortuna). Lo que hace con ellos forma el quinto elemento esencial —la quintaesencia— que también aparece retratada por la figura del centro.

### La desnudez (parcial)

Un aviso contra la falta de cultura. Respalda la voluntad de afrontar la verdad desnuda. Aquí también: nacimiento, matrimonio, muerte: los puntos destacados del círculo de la vida que siempre se asocian con la desnudez.

### Como la leyenda de Barbarroja

Muchas leyendas hablan de una princesa o de un gigante encerrado en la tierra, en una montaña, que se agita anticipando su liberación. Esta carta representa esto también.

### El mundo de la mujer

La suma de los dígitos de XXI = III = La Emperatriz. Entre ambos hay 18 escalones. 18 = XVIII–La Luna = (entre otras cosas) redención. De este modo, El Mundo muestra también La Emperatriz, la gran Madre Tierra, en un estado de liberación.

# XXI-El Mundo

*Tienes dos varitas a tu disposición: no es solo cuestión de distinguir o combinar los contrarios individuales sino también los de los cuatro elementos. Cada persona está dotada de los cuatro elementos. ¡Lo que tú haces con ellos es tu contribución personal, tu participación en el mundo!*

*¡Ya era hora!*

### ■ Significado básico
La guirnalda verde: la protección y el éxito que la Madre Tierra y el mundo nos ofrecen. Así nos sentimos complacidos. Esta interpretación es comparable con los iconos medievales en los que toda la persona aparece rodeada por una aureola (mandorla), una nube radiante. Sin embargo, la guirnalda representa también una limitación, una rutina que amenaza con mantener a la persona totalmente ocupada (encerrada) si no consigue librarse de estas restricciones de vez en cuando.

### ■ Experiencia espiritual
Participa en el mundo y el mundo se dará cuenta de tu presencia. ¡De ese modo podrás vivir dos vidas a la vez!

### ■ Como carta del día
Tu punto fuerte y tu obligación en este momento es ocupar el centro del escenario.

### ■ Como prognosis/tendencia
Desarrollas consciencia de tus límites y oportunidades.

### ■ En el amor y en las relaciones
Se muestra a una mujer en el centro del mundo. Eso significa: un hombre debe verse a sí mismo en la mujer para comprender el mundo. Y una mujer debe verse a sí misma en el mundo para comprenderse a sí misma.

### ■ En el éxito y en la felicidad
No te limites a preguntarte qué es lo que le pides al universo. Párate y piensa en lo que el universo te ha dado y en lo que te está pidiendo que hagas.

# Los 10 símbolos más importantes

### La postura de la figura

Abierta, con largas mangas que parecen alas desplegadas y la barbilla alta, lista para despegar y lanzarse al aire. De todas formas, llevar la barbilla tan alta puede ser también señal de inseguridad y arrogancia.

### Abismo o simple terraza – ❶

Es imposible saber si el siguiente paso del Loco le va a llevar «por encima del borde del precipicio» o sencillamente a la siguiente roca. Esto puede ayudarnos a concentrarnos en el momento.

### La pluma roja – ❷

La llama de la vida y de la alegría (véase XII – La Muerte y XIX–El Sol). **Fuerza vital, potencial, vitalidad**. La pluma roja muestra la viveza en el alma y el «corazón» de la persona.

### El perro blanco – ❸

Un perro guardián alerta. Puede que el Loco mismo esté despierto y consciente de la intensidad del momento o que el perro avise y muestre lo que el ser humano que tiene a su lado no ha percibido.

### Las montañas blancas y azules

Nirvana o edad del hielo: Como un Loco, la persona es feliz y no tiene preocupaciones; dicho de otro modo, ya ha encontrado el paraíso o los viejos problemas reprimidos son los que llevan el control. ¡Tómate en serio tus deseos y miedos concretos!

### El cielo amarillo – ❹

Sol radiante pero también deseo sensual y envidia. **Peligro:** acercarse demasiado al sol puede significar una gran caída (obsesión). **Positivo**: iluminación e inspiración = consciencia fuerte y fiable.

### El sol blanco

Junto con rosa blanca y perro blanco. **Negativo:** falta de color, ingenuidad, mente en blanco. **Positivo:** nirvana, culminación, limpieza, «la mente está vacía» (sin identificaciones ni apegos), libertad.

### El punto cero – ❺

El cero nos advierte contra una vida que resulta ser «una pérdida de tiempo y esfuerzo». Contra los talentos no utilizados. Por otra parte: el origen de un sistema de coordenadas = un punto de referencia para todo lo demás = lo absoluto.

### Las botas amarillas – ❻

**Positivo:** El Loco sigue su camino con gran confianza en sí mismo; cada paso que da es un paso consciente. **Negativo:** busca su camino con los pies en lugar de utilizar la cabeza y el corazón. «A mala cabeza, buenos pies».

### El hatillo en el palo negro – ❼

La carga que tenemos que llevar cada uno de nosotros. El palo negro representa nuestras actividades, que al principio solo se perciben vagamente. **Tarea:** sentir y captar nuestro potencial.

# 0/XXII-El Loco

*La figura del Loco personifica esa apertura e indeterminación que son inherentes a toda situación, por rutinaria que parezca. Esta carta representa el principio y el final, la ingenuidad o la plenitud más sublime.*

«La vida es como una caja de bombones…».

### ■ Significado básico
El cero como objetivo y la búsqueda de lo absoluto: calma interior (véase el «sol blanco») que nos permite desechar los modelos externos y las expectativas estrictas. La calma y la libertad crean una gran apertura. Se producen conexiones y sincronismos entre el individuo y el todo. Se podría denominar el «principio de Forrest Gump»: sencillamente estar en el lugar apropiado en el momento correcto. No se puede conseguir y producir más de eso. Y menos sería renunciar a las posibilidades existentes.

### ■ Experiencia espiritual
¡El poder del ahora!

### ■ Como carta del día
No permitas que te hagan sentirte frustrado. Es de locos preocuparse por cosas o consecuencias que no pueden sopesarse en este momento.

### ■ Como prognosis/tendencia
La satisfacción de los deseos esenciales te hace sentirte (en un sentido positivo) feliz y libre de deseos.

### ■ En el amor y en las relaciones
Dos «locos» enamorados son como dos ceros que se unen para formar una lemniscata, el ocho horizontal que representa el infinito.

### ■ En el éxito y en la felicidad
Como «loco» tienes el privilegio de no conocer las respuestas y de aprender cosas nuevas.

# Los 10 símbolos más importantes

## La postura de la figura

Las piernas y los brazos están separados. El cabello medio largo. La figura aparece desinhibida, lista para actuar, interesada, erguida, coronada, ni limitada ni temerosa; se asegura de estar lista.

## El gato negro – ❶

El poder del instinto, individualidad, imprevisibilidad, un superviviente (las siete vidas del gato). **Negativo:** astucia, engaño. Punto ciego, tropiezo. No te vas de la lengua.

## Los girasoles – ❷

(En la mano de la reina y en el respaldo del trono). **Positivo:** vitalidad, alegría de vivir, siempre de cara al sol. **Negativo:** ignorar el lado oscuro; aquí: falta de contacto con la tierra, sin raíces.

## El desierto de dos colores – ❸

**Negativo:** perderse, verse apartado, vivir en nuestro pequeño mundo. **Positivo:** poder creativo y transformador. Trabajar con varios patrones de energía. Concentración en las fuerzas (pirámides).

## El zapato rojo – ❹

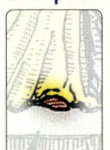

El pie izquierdo/zapato rojo aparece debajo de la túnica: el lado inconsciente es el primero que reacciona. **Zapato rojo:** dedicación con todo el corazón y la voluntad (de la cabeza a los pies) a un asunto. Minuciosidad, exhaustividad… y, en ocasiones, impulsividad.

## El pedestal gris – ❺

**Positivo:** neutralidad, objetividad, consciencia en movimiento. **Negativo:** indiferencia, insistencia en los principios, inflexibilidad. «En la oscuridad, todos los gatos son pardos»; una advertencia contra los sueños y los principios inconscientes.

## Los leones rojos – ❻

Pasión y fuerza. Símbolo de la voluntad verdadera. Signo de coraje, ferocidad, sexo… pero también de miedos innecesarios, en especial del «miedo a volar» y también del miedo a descansar. Una advertencia contra la presunción.

## El trono hasta el cielo

La obligación y la capacidad de crear un vínculo entre el cielo y la tierra, es decir, entre teoría y práctica, deseo y realidad. Observa que el respaldo está detrás de la figura y que es preciso observarlo conscientemente primero.

## Amarillo y gris

**Amarillo:** (túnica y desierto) sol, consciencia, vigilancia. **Pero también:** envidia, engaño y espejismo. **Gris:** falta de prejuicios, objetividad. **Pero también:** indiferencia, apatía.

## El cielo azul claro

Cielo = el reino de Dios («fuerza del destino») y el reino de la voluntad humana («La voluntad del hombre es su cielo»). Lo importante ahora es unir felizmente el destino y nuestra voluntad.

# Reina de bastos

*Tú eres como esta reina. ¡Esta carta enfatiza tu dignidad real y tus atributos femeninos! Posees y estás desarrollando un dominio mayestático de los espíritus fogosos de la vida. Puedes acceder a toda la dimensión de tu humanidad, que rebosa energía y voluntad de supervivencia… ¡y la necesitas!*

¡Tienes la fuerza necesaria para cumplir tus obligaciones!

### ■ Significado básico

La señora de nuestros instintos básicos: ¿cuál es mi motivación interna? ¿Qué es lo que me atrae? ¿Dónde puedo ser como soy? Como sucede con todas las cartas de la corte, esta reina representa un ideal, el dominio perfecto del elemento en cuestión, en este caso, los bastos (fuego, instintos, actos, la voluntad). Tú eres como esta reina… ¡o estás en camino de serlo! O quizá estás destinado a conocer a alguien que encarna a esta reina.

### ■ Experiencia espiritual

Confianza en el potencial creativo, aun cuando parezca que no exista o que se ha llegado al final del camino. Crear una vida nueva de lo que parecía un vacío.

### ■ Como carta del día

¡Saca las cosas a la luz! ¡Atrévete a vivir tu entusiasmo!

### ■ Como prognosis/tendencia

Esta carta puede referirse a asuntos importantes: la voluntad de vivir, la creatividad, la sexualidad, la supervivencia, el trabajo, la familia, etc. También a tu propio juego del «gato y el ratón»…

### ■ En el amor y en las relaciones

Asegúrate de disponer de una buena mezcla de juego, acción y aventura. ¡Agudiza tu instinto de cazador!

### ■ En el éxito y en la felicidad

Si se afrontan de forma correcta, los oponentes y los obstáculos son en realidad oportunidades, aunque te obliguen a reconsiderar las cosas.

# Los 10 símbolos más importantes

### La postura de la figura

Una combinación de relajación y concentración. El cuerpo está ligeramente girado, expresando sentimientos internos. Si la analizamos más detenidamente, la mano/el puño izquierdo indica una disposición vigilante; quizá también inquietud.

### La salamandra – ❶

Según cuenta la leyenda, la salamandra es un animal que puede atravesar el fuego sin sufrir daños. Tampoco nosotros tenemos que temer la «prueba de fuego». ¡De hecho, necesitamos este tipo de pruebas para descubrir lo que realmente deseamos!

### Las salamandras enroscadas – ❷

El círculo cerrado subraya el motivo del renacimiento, típicamente asociado a la salamandra. Es también una advertencia contra los argumentos circulares y la repetición, «dar vueltas en círculo».

### El león negro – ❸

La voluntad, la fuerza vital y el entusiasmo energético. Sin embargo, puesto que tanto el león como la salamandra son negros y están a espaldas de la figura, existe el peligro de supresión: «Gato escaldado, del agua fría huye».

### Túnica/cabello (tocado) rojo anaranjado – ❹

Completamente —es decir, de la cabeza a los pies— identificado con: el fuego, la voluntad, la pasión, la libido, la lujuria, el ansia de partir (pero con la mente clara: amarillo/sol) o, por el contrario, con envidia o alguna manía (cegado por el sol).

### Manto amarillo con salamandras negras – ❺

El manto con el sol y la oscuridad es un factor vital que determina el éxito o el fracaso de los proyectos. La tarea de reconciliarse con la luz y la oscuridad, madurar a través de la experiencia.

### Los zapatos verdes/la prenda verde que cubre los hombros – ❻

Los pies muestran los pasos que realmente damos. Los hombros simbolizan nuestra responsabilidad. El verde representa fructificación, crecimiento, naturalidad, pero también inmadurez, «estar verde»...

### La corona de llamas – ❼

Encendido de entusiasmo, gran fuerza de voluntad, en llamas por una causa. **Negativo:** idealismo excesivamente fogoso, intelecto excesivamente activo. Al igual que este rey, nosotros podemos conseguir grandes cosas. Un fuego grande pide un gran objetivo, pero un objetivo noble, bien pensado.

### El trono hasta el cielo

La obligación y la capacidad de crear un vínculo entre el cielo y la tierra, es decir, entre teoría y práctica, deseo y realidad. Observa que el respaldo está detrás de la figura y que es preciso observarlo conscientemente primero.

### El cielo azul claro

Los cielos = el reino divino y el reino de la voluntad. **Azul claro** = cielo (despejado), agua (clara). **Positivo:** alegría, ligereza, una voluntad clara, una mente lúcida. **Negativo:** ingenuidad, hacer castillos en el aire, embriaguez.

**BASTOS**

# Rey de bastos

*Tú eres como este rey. Esta carta enfatiza tu dignidad real y tus atributos masculinos. Estás desarrollando un dominio mayestático y espléndido sobre los espíritus fogosos de la vida. Necesitas ejercer tu soberanía como ser humano con valor, pasión y fuerza de voluntad.*

*¡Los actos hablan más alto que las palabras!*

### ■ Significado básico

El señor de la voluntad: «¿Qué quiero de la vida/de mi pareja/experimentar en este momento? ¿Cómo quiero vivir?». Como sucede con todas las cartas de la corte, este rey representa un ideal, el dominio perfecto del elemento en cuestión, en este caso, los bastos (fuego, instintos, actos, la voluntad). Tú eres como este rey... ¡o estás en camino de serlo! O quizá estás destinado a conocer a alguien que encarna a este rey.

### ■ Experiencia espiritual

Atraviesa el fuego como la salamandra y transfórmate. Experimenta una «prueba de fuego» y una catarsis personal.

### ■ Como carta del día

Atraviesa las llamas para conseguir lo que desea tu corazón, hazlo con habilidad y sin aprensión.

### ■ Como prognosis/tendencia

Te asaltarán retos y tentaciones, necesidades incondicionales... y una autodeterminación sin límites.

### ■ En el amor y en las relaciones

La acción independiente y aprender a afrontar sin miedo «a la Muerte y al Diablo» te traerán la felicidad en el amor.

### ■ En el éxito y en la felicidad

Analiza exhaustivamente los motivos que determinan tus actos. ¡Los objetivos deben ser realmente tuyos para que puedas poner en marcha todos tus poderes!

# Los 10 símbolos más importantes

### La postura de la figura

Encabritado, tempestuoso, salvaje; ¡sin embargo, si lo miramos de nuevo vemos también que lleva la rienda corta y calculada! La imagen la componen tanto el jinete como el caballo. El caballo de color castaño rojizo se denomina alazán.

### Armadura, espuelas, casco y guanteletes – ❶

**Positivo:** el manejo cuidadoso del fuego y de los bastos aporta protección y seguridad. **Negativo:** la persona está anclada en sus costumbres, inflexible, corriendo para escapar o persiguiendo algo ciegamente.

### Plumas y mangas rojas – ❷

Una voluntad ardiente, asertividad, poder, pero también agresividad, falta de escrúpulos. También: el niño que se ha quemado tiene miedo al fuego. Y «un caballo desbocado», alguien que no puede ser refrenado.

### Túnica amarilla – ❸

Sol, luz, consciencia general, pero también envidia, ceguera, manías, exigencias sensuales. Peligro: represión del lado sombrío. **Positivo:** iluminación de todos los aspectos = poderes fiables de percepción.

### Las salamandras enroscadas – ❹

Según cuenta la leyenda, la salamandra es un animal que puede atravesar el fuego sin quemarse. El círculo cerrado: **positivo:** reencarnación; **negativo:** argumentos circulares y repetición, «dar vueltas en círculo».

### El desierto – ❺

Vacío, tierra salvaje, erial. Calor y fuego interiores que experimentamos como sequía, calor abrasador. O un nuevo reino de la voluntad, la «nada» aparente a partir de la cual nuestra voluntad puede crear algo nuevo.

### Con el bastón en el desierto

**Negativo:** descarriarse, agostarse, desertar. **Positivo:** superar un periodo de sequía, convertir el desierto en un jardín. Mantener la confianza incluso ante los mayores desafíos.

### Las pirámides I – ❻

Al igual que las pirámides del Antiguo Egipto, un signo de sabiduría y ciencia, de misterio y de la proximidad de los dioses. Proceder según lo previsto, actividad espiritual. Pero también: profanadores de tumbas, saqueadores.

### Las pirámides II

Generalmente suelen simbolizar la llegada a un punto, la transformación energética y la neutralización. También experiencias cumbre y apogeos. La tarea de elevar, bajar, unir en un nivel nuevo.

### El cielo azul claro

**El cielo** = el reino divino y el reino de la voluntad. **Azul claro** = la profundidad del cielo; agua (clara). **Positivo:** alegría, voluntad resuelta, mente lúcida. **Negativo:** un ataque de melancolía inesperado, hacer castillos en el aire.

# Caballero de bastos

*Tú eres como este caballero. Esta carta enfatiza tu soberanía y tus atributos masculinos. Posees una forma holística y señorial de manejar los espíritus fogosos de la vida y la estás desarrollando aún más. Necesitas toda tu determinación como ser humano para invertir mucho y conseguir el éxito.*

*Un temerario, un impulsivo... o un benefactor que devuelve la vida al desierto.*

### ■ Significado básico

El señor de los objetivos: «¿Qué quiero conseguir? ¿Hasta dónde estoy preparado para ir? ¿Cuál es mi plan para conseguir la felicidad». Al igual que todas las cartas de la corte, este caballero representa un ideal, el dominio perfecto sobre el elemento en cuestión, en este caso, los bastos (fuego, instintos, obras, la voluntad). Tú eres como este caballero... ¡o estás en camino de serlo! O puede que estés destinado a conocer a alguien que encarna a este caballero.

### ■ Experiencia espiritual

Emprende la búsqueda. Atraviesa un periodo de austeridad. Resiste, permanece fiel a ti mismo, consigue.

### ■ Como carta del día

Tu luz es necesaria allí donde la oscuridad es más profunda. Ahí es donde encontrarás tareas importantes que exigirán y desarrollarán todos tus poderes. ¡Ahora es el momento!

### ■ Como prognosis/tendencia

Tienes que actuar y la acción te mostrará el camino correcto.

### ■ En el amor y en las relaciones

La asunción de la plena responsabilidad y el control trae consigo la promesa de la felicidad en asuntos de amor.

### ■ En el éxito y en la felicidad

Perfecciona tus poderes de observación y participación. Tu intuición y tu visión interior te dirán qué límites hay que superar y cuáles no.

# Los 10 símbolos más importantes

### La postura de la figura I

Al igual que esta sota, tú alzas la vista para mirar la gran vara. También el desierto y las pirámides son reflejos de aspectos importantes de tu persona.

### El tamaño de la vara – ❶

La vara es más alta que la figura, el impulso es mayor que la persona. Una señal de inmadurez pero también de juventud. Lo que señala el futuro es más largo que lo que ha sucedido hasta ahora. Para aquellos que son jóvenes (de corazón).

### La pluma o llama roja – ❷

**Positivo:** lleno de entusiasmo, inflamado por una causa, preparado para establecer nuevos objetivos (tres pirámides). **Negativo:** entusiasmo/idealismo mal dirigido, falta de comprensión (la pluma es invisible para la figura).

### El desierto – ❸

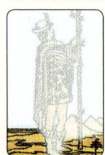
Vacío, tierra salvaje, erial. Calor y fuego interiores que experimentamos como sequía, calor abrasador. O un nuevo reino de la voluntad, la «nada» aparente a partir de la cual nuestra voluntad puede crear algo nuevo.

### Con el bastón en el desierto

**Negativo:** descarriarse, agostarse, desertar. **Positivo:** superar un periodo de sequía, convertir el desierto en un jardín. Mantener la confianza incluso ante los mayores desafíos.

### Las pirámides I – ❹

Un signo de sabiduría y ciencia, de misterio y de la proximidad de los dioses. Proceder según lo previsto, actividad espiritual. **Pero también:** profanadores de tumbas, saqueadores.

### Las pirámides II

Generalmente suelen ser un símbolo de llegar a un punto, de transformación energética y de neutralización. También experiencias cumbre y apogeos. La tarea de elevar, bajar, unir en un nivel nuevo.

### La posición de las manos – ❺

Sostener con las dos manos: **Positivo:** echar una mano, manejar (una situación), empezar, agarrar literalmente algo. **Negativo:** inseguridad, incapacidad para soltar, aferrarse a algo. También: las cosas, de una en una.

### Las salamandras enroscadas – ❻

Según cuenta la leyenda, la salamandra es un animal que puede atravesar el fuego sin quemarse. El círculo cerrado: **positivo:** reencarnación; **negativo:** argumentos circulares y repetición, «dar vueltas en círculo».

### El cielo azul claro

**Los cielos** = el reino divino y el reino de la voluntad. **Azul claro** = cielo (despejado), agua (clara). **Positivo:** alegría, ligereza, una voluntad clara, una mente lúcida. **Negativo:** idolatrar a algo o a alguien, hacer castillos en el aire.

**BASTOS**

# Sota de bastos

*Tú eres como esta sota. Esta carta enfatiza tu autonomía y también tu juventud y tus atributos juveniles. Desarrollas sin parar una forma señorial y sencilla de manejar los espíritus fogosos de la vida. Se necesitan todas tus facultades como ser humano dotado de gran entusiasmo y disposición.*

*¡Aférrate a lo que te permite crecer!*

### ■ Significado básico

La aventura de los impulsos y los actos: «¿Cómo puedo vivir para disfrutar realmente de la vida? (para no convertirme en un fósil)». Al igual que todas las cartas de la corte, esta sota representa un ideal, el dominio perfecto sobre el elemento en cuestión, en este caso, los bastos (fuego, instintos, obras, la voluntad). Tú eres como esta sota... ¡o estás en camino de serlo! O puede que estés destinado a conocer a alguien que encarna a esta sota.

### ■ Experiencia espiritual

Maravíllate. Desarróllate. Crece. Supérate a ti mismo.

### ■ Como carta del día

Recuerda algunos momentos de auténtica felicidad y alegría. A continuación, a la luz de estos recuerdos, decide lo que quieres hacer ahora.

### ■ Como prognosis/tendencia

Vas a despedirte de la rutina prosaica y cotidiana. Dentro de ti y a tu alrededor hay energías frescas y vas a inspirarte en ellas.

### ■ En el amor y en las relaciones

¡La alegría de vivir, de ser, rellena tu copa de ánimo y vigor una y otra vez!

### ■ En el éxito y en la felicidad

Ten cuidado con los estímulos vacíos, lo que parecen fuentes nuevas de energía no lo son y no te llevan a ningún lado.

# Los 10 símbolos más importantes

### La carta como espejo

Nosotros somos como el basto: engendrados por las fuerzas de la tierra y de la luz, una joya de fuerza de vida, un retoño del pasado, energía del presente, raíz del futuro. Si faltan los brotes: rigidez, seco como un hueso, muerto.

### El basto I

Madera que alimenta el fuego. El fuego de vida que reside en nuestro interior. Acción y fuerza de voluntad a partir de la savia de la madera en crecimiento. Prueba de fuego, purgar y perfeccionar la voluntad.

### El basto II

Símbolo fálico, la escoba de la bruja, garrote, muleta, soporte. **También:** crecimiento, envejecimiento, maduración, prole. **Fuego:** transformación de la masa en energía, de la materia burda en materia etérea.

### La mano que emerge de la nube – ❶

El basto es un regalo para ti. Tú mismo eres un regalo, para ti y para el mundo. Acepta este regalo y haz algo con él. Agárralo, manéjalo bien y haz que tu fuego arda con fuerza.

### El cielo gris

**Positivo:** neutral, objetivo, sereno, imparcial, sin prejuicios. **Negativo:** inconsciente, apático, desinteresado; en lugar de «ardiendo», más bien aturdido o un «fuego fatuo».

### Los tres árboles – ❷

El hombre como ciudadano de dos mundos («la cabeza en el cielo, las raíces en la tierra»). Crecimiento, envejecimiento, maduración, prole. Padres e hijos, autorrealización y procreación, independencia y comunidad.

### Río/paisaje – ❸

Un campo abierto, grandes tareas, hay mucho que hacer y conseguir. El río representa la continuidad en el cambio, la conexión entre la fuente y la desembocadura. Estar y mantenerse energéticamente «en la corriente».

### Castillo/palacio – ❹

Hogar, protección, seguridad, el fuego del hogar, identificación clara, control sobre una superficie grande de tierra, pacificación, permanencia. **En el lado negativo:** encerrado, enclaustrado, bajo control, cautividad, agresión.

### Las 18 hojas verdes – ❺

El verde es el color de la naturaleza, de la vitalidad y del crecimiento y, por tanto, también de la esperanza. Pero puede representar además la inmadurez, la falta de sutileza y las cosas que no se han pensado bien. Las 18 hojas hacen referencia a...

### Ocho hojas en el aire – ❻

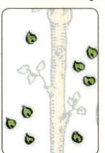
... la carta XVIII–La Luna: la renovación de la vida y la emancipación, crecer para superarse a uno mismo. Las ocho hojas —que caen o vuelan– subrayan la transición entre el cielo y la tierra (véase Ocho de bastos).

# As de bastos

*Un don de la vida: el basto simboliza tus poderes de vitalidad y crecimiento. Con ellos estarás sometido a un cambio constante pero permanecerás leal a tu esencia, como hace el río. Y por eso aspirarás a grandes alturas, como el castillo, a irradiar tu presencia al mundo conservando al mismo tiempo tu vínculo con el hogar.*

*¡Alabado sea aquello que nos permite crecer!*

### ■ Significado básico

Los bastos son la madera que alimenta el fuego. La savia que asciende por ellos es una expresión de vitalidad y crecimiento. El mensaje es el de los instintos y la acción, el poder, el éxito, la aventura y todo aquello que hace circular más rápido la sangre en nuestras venas. El término clave es la «voluntad» que se forja y atempera en el fuego. El as proporciona un acceso elemental a estas fuerzas del fuego y la voluntad; ¡son tuyas!

### ■ Experiencia espiritual

Atravesar el fuego por aquello que amamos. Conseguir algo por vez primera.

### ■ Como carta del día

¡*Carpe diem*! ¡Aprovecha el día! ¡Aférrate a lo que está sucediendo!

### ■ Como prognosis/tendencia

Todas las cartas de bastos son una invitación y una llamada a hacer algo de forma activa o a dejar que algo suceda. Encontrarás la respuesta en la acción.

### ■ En el amor y en las relaciones

La voluntad de ser uno mismo y la voluntad de crecer y superar nuestras fronteras, estar a disposición de los demás. ¡Es una mezcla explosiva pero también el combustible de una relación!

### ■ En el éxito y en la felicidad

«¡Habla con suavidad y lleva una vara larga!»: esto es lo que recomendaba Theodore Roosevelt para defender las pretensiones justificadas. ¡Muestra lo que eres y lo que te importa!

# Los 10 símbolos más importantes

### La postura de la figura

Los dos bastos reflejan energías importantes, impulsos o «llamas»: contradicciones que existen dentro de ti o entre el mundo y tú. Aquellos que deben separarse y aquellos que deben reconciliarse.

### Los dos bastos

Dicotomías básicas en el ámbito de la voluntad y los instintos como, por ejemplo, el principio del placer/el sentido del deber, profesión/familia, autodeterminación/dedicación; dos personas a las que amamos, dos caminos que podemos pisar...

### El globo terráqueo – ❶

¡La pelota está en tu campo! Observa cómo encajan las cosas en el mundo, intenta captarlo. **Advertencia**: no puedes medir todo por el mismo rasero. Un modelo solo muestra una parte de la verdad.

### La extensión de agua – ❷

Piensa globalmente y ¡actúa localmente! Sentimientos oceánicos y nuestra conexión con todo. Para no estancarnos con un punto de vista unilateral de las cosas (teniendo en cuenta solo uno de los bastos)...

### Paisaje/bahía ancha – ❸

... por otra parte, las energías disponibles deben utilizarse con cuidado. Hay que conocer ambos lados (bastos) pero decidir claramente el camino a seguir; poner en movimiento el balón antes de que se agote el tiempo.

### La montaña azul – ❹

Como «paisaje espiritual», el fondo muestra que todo tiene su sitio: partes elevadas, valles, cerca y lejos. El secreto del «matrimonio entre el cielo y la tierra» —esperanza y realidad— simbolizado por la montaña azul.

### Las almenas – ❺

Una atalaya, visión de conjunto, control, dominio, calma, ecuanimidad... hacia uno mismo o hacia los demás, dependiendo del caso. Buscar, encontrar y asumir nuestro lugar en el mundo. Partida–llegada–ser.

### Cruz, lirio y rosa – ❻

Muestran los tres colores clásicos de la alquimia: desde el material burdo (negro) a través de la purificación/licuefacción (blanco) al material energético etéreo/superior (rojo). Transformación de la energía, el dominio de las tareas.

### Las vestiduras

**Tonos coordinados de rojo, bien orquestados:** dominio de la voluntad, voluntad de ejercitar el autocontrol, dominio de la propia vida. **Positivo:** nuestro gusto propio. **Negativo:** parcialidad, monotonía, falta de espacio para los demás.

### El cielo gris

**Positivo:** neutral, objetivo, sereno, consciente (se corresponde con la posición central, entre los dos bastos). **Negativo:** inconsciente, apático (se corresponde con el basto posterior que aún no se ha percibido).

# Dos de bastos

*Ser independiente, actuar siguiendo la propia iniciativa, crear nuestro propio modelo, una visión personal del mundo, ser nuestro propio jefe. Pero también: ser una víctima de nuestras fantasías e ideales, confundir el modelo con la realidad, arrogancia, indecisión.*

*¡No hagas las cosas a medias!*

### ■ Significado básico

Los dos bastos representan las energías básicas, impulsos importantes que se complementan o luchan entre sí. Está relacionado sobre todo con las intenciones comunes, pero también con intereses más fundamentales y conflictos mayores. Si olvidamos tener en cuenta uno de los bastos, el resultado está incompleto. Cuando resolvemos los conflictos mediante un trabajo paciente y gradual obtenemos grandes cosas.

### ■ Experiencia espiritual

«¿Cuál es mi papel en el mundo? ¿Qué está más allá de mi ámbito de influencia y qué no lo está?».

### ■ Como carta del día

No te veas atrapado «entre el diablo y el profundo mar azul». Espera hasta que tu decisión esté madura y luego, actúa. Pon en ello todo tu empeño.

### ■ Como prognosis/tendencia

Las tareas importantes te suponen un desafío. Algo nuevo se está desarrollando en tus asuntos actuales y solo tú puedes descubrirlo.

### ■ En el amor y en las relaciones

¡Dando pasos deliberados hacia grandes objetivos!

### ■ En el éxito y en la felicidad

Se pueden conseguir grandes resultados. Un tocón grande necesita un hacha grande. El éxito depende de que tu voluntad y tu entusiasmo sigan activos.

# Los 10 símbolos más importantes

### La postura de la figura

Esta es la única carta en la que la figura está totalmente de espaldas al observador. **Positivo:** «¡Avante a toda máquina!», ¡Vista al frente! **Negativo:** huida hacia adelante, darse la espalda a uno mismo.

### Dos orillas – ❶

Los bastos: los diferentes impulsos, objetivos y deseos que albergas en tu interior. Y las orillas opuestas te muestran de dónde vienes y adónde vas, tierras conocidas y desconocidas, el viejo mundo y el nuevo.

### La espalda de la figura – ❷

Dos de los bastos están situados detrás de la figura que puede saber que están ahí o ignorarlo. **Positivo:** superas las contradicciones y los obstáculos. **Negativo:** evitas afrontar los retos difíciles.

### El mar dorado – ❸

Visión interior, dorar, un momento mágico, perspectivas radiantes. Pero también: solo un reflejo, una ilusión, un espejismo. Quizá haya una forma fácil de cruzar. Pero el mar parece un desierto: ¡los planes podrían quedar enterrados en las arenas movedizas!

### Los barcos – ❹

Barcos de vela: ¿tienen alguna relación con la figura o no? ¿Los envió él? ¿Está a punto de embarcar? ¿Está esperando que vayan a recogerlo? ¿Lo han dejado atrás?

### La costa lejana – ❺

**Nuevos territorios, tierras desconocidas:** descubrimiento de uno mismo, nuevas posibilidades. **Pero también:** distancia, indiferencia. Lo más importante en esta carta es el contacto con uno mismo. ¿Se conoce a sí mismo el personaje? ¿Qué está buscando? ¿Qué le impulsa a seguir?

### El cielo «amarillo sucio» I – ❻

Esta es la única carta en la que el cielo está pintado de una mezcla de amarillo y negro. Estos colores representan el sol y la oscuridad, las polaridades de la vida en general, el consciente y el inconsciente.

### El cielo «amarillo sucio» II

Esta mezcla es una oportunidad y un reto. **Positivo:** la resolución de las incongruencias, integración de contradicciones. **Negativo:** la atmósfera está determinada por contradicciones no resueltas.

### Vestiduras/armadura

La armadura nos recuerda a IV–El Emperador: estate preparado. O aislado. La túnica roja y verde representa los deseos sinceros que se cumplen en la fructificación y la naturalidad o en la inmadurez y la ingenuidad.

### La cinta de la cabeza – ❼

Como en las cartas I–El Mago y Nueve de bastos: bien equipado, atento; vigilancia todo alrededor («radar»). Exige ver todo con atención, incluido a uno mismo, de delante atrás.

# Tres de bastos

*¿Cómo ves la escena? (1) Alguien está a punto de cruzar el estrecho en barco. (2) O ha llegado demasiado tarde. Los barcos ya se han hecho a la mar. (3) O está observando las maniobras desde arriba. (4) O está esperando algo. (5) O no sabe cómo seguir avanzando. (6) O se ha dado la vuelta, etc.*

«Debo volver a bajar al mar otra vez, al mar solitario y al cielo…» (John Masefield).

### ■ Significado básico

Una imagen de espíritu emprendedor, anhelos y satisfacción dorada. El arte de estar conectado con el mundo, de sentirse en casa en todos los puertos. Dos de los bastos están de pie detrás de la figura: una advertencia contra los impulsos inconscientes y las cosas que ejercen su influencia sin que nos demos cuenta. El rostro vuelto hacia el otro lado: una advertencia contra la huida hacia adelante. La solución: mirarse uno mismo a la cara. Saber lo que uno está haciendo. Y por qué.

### ■ Experiencia espiritual

¿Qué está sucediendo? ¿Qué tiene que ver conmigo?

### ■ Como carta del día

Planifica lo que quieres conseguir, lo que otros esperan de ti, lo que tus actos traen consigo, lo que no haces o dejas a un lado, las personas que te están esperando, a dónde te diriges…

### ■ Como prognosis/tendencia

Un poco de paciencia; encontrarás una solución adecuada que aumente tu radio de acción y tu capacidad de maniobra.

### ■ En el amor y en las relaciones

¡No esperes a que te recojan; da tú el primer paso! Dedícate tiempo a ti mismo y a lo que es realmente importante.

### ■ En el éxito y en la felicidad

Amplía tus horizontes. Eso te permitirá ver tu potencial y a ti mismo desde una nueva perspectiva.

# Los 10 símbolos más importantes

### Las proporciones

Los bastos son inusualmente altos o las figuras inusualmente pequeñas. **Advertencia:** algo te hace sentirte pequeño, no alcanzas las expectativas, te pierdes en la multitud. **Positivo:** energías elevadas, vivir en un lugar poderoso.

### La perspectiva

La puerta y las líneas dobles marcan también un umbral. Las dos figuras del centro podrían estar invitando al observador, recibiéndole o despidiéndole. Pueden estar exultantes o pidiendo ayuda a gritos.

### Las dos figuras del centro – ❶

Para algunas personas, estas dos figuras con su actitud y sus vestidos recuerdan a las figuras de la carta XIV–La Torre. Ambas cartas tienen en común que están relacionadas con estados energéticos muy altos.

### Flores – ❷

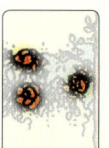

**Esta es la única carta de bastos en las que aparecen flores así:** voluntad de florecer. Pueden representar un trozo de cielo en la tierra —una época sumamente energética— o unas expectativas exageradas, ludopatía, obsesión.

### Frutas – ❸

Y esta es también la única carta de este palo en la que aparecen frutas. **Positivo:** voluntad de fructificar. Se establecen y consiguen objetivos que merecen la pena. **Negativo:** las frutas están fuera del alcance de las figuras... en el sentido más real de la palabra, el «listón» está demasiado alto.

### La guirnalda – ❹

**Positivo:** señal de éxito, diversión, fertilidad (flores y frutas). **Negativo:** solo hay dos varas conectadas; parte de las energías y de los impulsos siguen sin utilizarse, sin aprovecharse.

### El grupito – ❺

Bailarines, baile en círculo, celebración... no está claro qué es exactamente lo que está sucediendo. Quizá sean comerciantes o vagabundos a los que no se permite entrar al castillo. Por un lado, vida y alegría. Pero quizá demasiado negocio.

### El puente – ❻

Inmediatamente nos trae a la mente el Cinco de copas. **Aquí:** tender un puente entre los impulsos opuestos y en conflicto (los cuatro bastos) que puede tener éxito o estar esperando a realizarse.

### El castillo

El mayor de los castillos de la baraja. Seguridad, protección, un lugar seguro, fuerte sentido de identidad. **Pero también:** reticencia, dominio extranjero. Fuera de las puertas: libertad, jovialidad. **También:** falta de acceso a la verdadera grandeza de la persona.

### Los rostros de las figuras – ❼

Apenas pueden distinguirse. El rostro representa la identidad y la autoestima. Esta puede faltar a la sombra del «castillo». Hay que conservar el control de las cosas y poner las contradicciones de pie y a bailar.

# Cuatro de bastos

*Una imagen de lo más energética. Una actitud animada hacia la vida, celebración, el baile de la vida; repleto de energía, floreciente, sensual y rebosante de vitalidad. Pero también: ninguna otra carta muestra unas figuras tan pequeñas. En ninguna otra situación existe un peligro mayor de ser subestimado o desechado como sobrante.*

¿Celebración o negocio habitual? ¿Disfrute de la vida o un desafío? ¿Bienvenida o despedida?

### ■ Significado básico

La característica más notable de esta carta son las proporciones. Si las figuras tienen tamaño normal, los bastos son inmensos. Si, por el contrario, los bastos son «normales», las figuras deben ser inusualmente diminutas. Y pueden suceder ambas cosas a la vez: las festividades y las celebraciones pueden elevarnos a grandes alturas pero también confundirnos tanto que apenas sepamos dónde encontrarnos.

### ■ Experiencia espiritual

¡Ve a por ello! Aprende a vivir con las incongruencias de la vida y aguanta.

### ■ Como carta del día

Tus asuntos actuales te exigen un gran esfuerzo. Eso significa crear más raíces interiores para poder escalar a mayores alturas en tu vida exterior.

### ■ Como prognosis/tendencia

Reconocerás si tus objetivos son inalcanzables y tus expectativas demasiado altas y los dejarás a un lado.

### ■ En el amor y en las relaciones

Pasión acalorada y cabeza fría. Lo bueno es que cada miembro de la pareja tiene espacio para crecer independientemente.

### ■ En el éxito y en la felicidad

Atrévete a poner más energía en tu vida y sácale más partido. Esto te ayudará a comprenderla mejor. ¡Y abre el camino hacia éxitos mayores!

# Los 10 símbolos más importantes

### La postura de la figura

**Nivel objetivo** (véase página 17): vemos un grupo, un equipo profesional, una familia, un grupo de vecinos. Estás implicado u observas la contienda. **Nivel subjetivo**: cinco llamas arden dentro de ti y compiten entre sí.

### Contienda/competición – ❶

Fricción, calor, conseguir más gracias al trabajo de equipo. **Pero también:** mala voluntad, mezquindad; aikido, taekwondo, mikado; carpinteros, encofradores; obra de construcción, taller, caos creativo, falta de concepto.

### Contienda/competición II

Para asegurar que la voluntad permanece fresca y alerta, nuestras diversas facetas deben luchar regularmente unas contra otras y también nosotros con los demás. No debo definir hoy lo que voy a querer hacer mañana.

### El tamaño de las figuras

En contraste con todas las demás cartas de bastos, solo esta muestra adolescentes. **Positivo:** lleno de vida, en proceso de crecimiento. Mantenerse joven de corazón o mantener una voluntad juvenil. **Negativo:** a medio hacer, no bien pensado.

### Adolescentes I

Hombres (jóvenes) compitiendo para ganar el basto «más grande». Vividores, niños jugando, jugadores (adictos), el líder del equipo y el aguafiestas. Como metáfora: fuerzas que compiten sin que haya un «ganador» claro todavía...

### Adolescentes II

**El lugar de reunión de:** la voluntad inconsciente y consciente, la voluntad activa y pasiva, nuestra propia voluntad y la de los demás, la voluntad del hombre y la voluntad del destino. Esta interacción de fuerzas no es en absoluto un juego de niños.

### El sombrero de la figura roja – ❷

El sombrero rojo (véase la Sota de bastos, Caperucita Roja): ¡mantenlo en secreto! **También:** elegido. **También:** decir tonterías. Comprender lo que eres. Hacer lo que está esperando que se haga.

### Tierra amarillo-verdosa – ❸

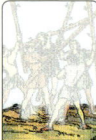
En contraste con las demás cartas de bastos, aquí no se ve el desierto. **Positivo:** fertilidad, un lugar donde las cosas pueden crecer, naturaleza y vitalidad. **Negativo:** novato, no maduro, sin terminar.

### Los colores de las vestimentas – ❹

Las vestimentas de las figuras indican los diversos aspectos o «colores» de la voluntad. Su alternancia, su proceso continuo de compararse y probarse unos a otros son los métodos por excelencia para formar la voluntad.

### El cielo azul

**Los cielos** = el reino divino y el reino de la voluntad. **Azul claro** = cielo (despejado), agua (clara). **Positivo:** alegría, ligereza, una voluntad clara, una mente lúcida. **Negativo:** ingenuidad, hacer castillos en el aire, embriaguez.

# Cinco de bastos

Un juego, una competición, una prueba de fuerza. Los cinco bastos forman también la quintaesencia del elemento fuego: nuestra voluntad en desarrollo y progreso. Intereses e inclinaciones —entre varias personas o en una sola— rivalizan entre sí.

*El juego de la vida...*

### ■ Significado básico
La carta para el juego, para la constante interacción que permite el desarrollo de la voluntad. Y la carta muestra no solo la «construcción» de la voluntad sino la voluntad misma con todas sus galas: como un ir y venir, un motor de fricción, un flujo permanente de energía, una fuente de vitalidad.

### ■ Experiencia espiritual
«El hombre solo juega cuando es hombre en el sentido más auténtico de la palabra y solo está completo como hombre cuando juega» (Friedrich Schiller).

### ■ Como carta del día
¿Qué procesos de la voluntad se corresponden con lo que de verdad se desea y pueden por tanto conseguir algo?

### ■ Como prognosis/tendencia
En tus relaciones privadas y en tu profesión existen caminos nuevos que están esperando a ser explorados y a que juegues en ellos.

### ■ En el amor y en las relaciones
Crea «zonas de juego» en tu rutina diaria. Puede resultarte útil reservarles una parte concreta del día o una habitación propia.

### ■ En el éxito y en la felicidad
¿Qué actos de la voluntad o de la fuerza son una pérdida de tiempo porque están intentando forzar cosas que ya no necesitas o para las que todavía no ha llegado el momento?

# Los 10 símbolos más importantes

### La postura de las figuras

**Las figuras muestran fuerzas activas y pasivas, conscientes e inconscientes, fortalezas y debilidades.** Tú mismo en un grupo o tropa. O tus propios poderes de automotivación, la forma en la que diriges tu vida.

### El jinete grande

Comandante, líder, coordinador, victorioso, símbolo de la voluntad consciente. **Positivo:** voluntad verdadera, liderazgo coherente, buenas noticias. **Negativo:** pretensión, autoengaño, arrogancia, esnobismo.

### El caballo gris – ❶

Impulsos, acción instintiva, aquello que sostiene y transporta al jinete, símbolo de la voluntad inconsciente. **Positivo:** vitalidad, gran fuerza vital y vivacidad. **Negativo:** bestial, descerebrado, a merced de los impulsos ciegos.

### El rango y la fila visibles – ❷

La voluntad de participar, de cooperar o de seguir voluntariamente. **Positivo:** implicación voluntaria, participación activa, apoyo consciente. **Negativo:** dependencia, falta de confianza en uno mismo, parásito.

### El rango y la fila invisibles (detrás del caballo) – ❸

Prácticamente escondidos tras el caballo, debemos adivinarlos por culpa de los tres bastos: una voluntad bastante vaga que evita tomar decisiones y se limita a dejar que las cosas sucedan.

### Las dos coronas de laurel – ❹

Una corona de victoria y para conmemorar a los muertos. ¡Recuerda a las víctimas! **Pero también:** el justo deserta. **Tu tarea, tu habilidad:** el arte de dirigir muchos intereses hacia un objetivo común y de coordinar sus movimientos.

### Carrera de sortijas a caballo – ❺

El basto y la corona representan el antiguo deporte de las carreras de sortijas a caballo: un rito de fertilidad que imita la unión de los aspectos masculino y femenino. **También:** una corona sobre una vara: un símbolo del yo superior.

### La gualdrapa verde – ❻

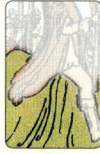
Aquí hay algo en movimiento que todavía está muy verde. **Positivo:** gran potencial de crecimiento, naturaleza, frescura, esperanza. **Negativo:** mucha inmadurez, falsas esperanzas (idealismo), impulsos ocultos (caballo tapado).

### La vestidura roja y amarilla

**Rojo y amarillo:** corazón y sol. **Positivo:** sangre de vida, voluntad, pasión con la cabeza fría, sabiduría e iluminación. **Negativo:** sangre de vida, voluntad, agudeza envidiosa u obsesiva, supresión de lo que es oscuro y de la noche.

### El cielo azul

**Los cielos** = el reino divino y el reino de la voluntad. **Azul claro** = cielo (despejado), agua (clara). **Positivo:** alegría, ligereza, claridad. **Negativo:** ingenuidad, hacer castillos en el aire, un viaje a lo desconocido.

# Seis de bastos

*¡Estamos unidos! Consigues los factores necesarios para unir fuerzas. Expresas tu voluntad de forma tan verosímil que consigues movilizar a todas las fuerzas que tienes a tu disposición. El resultado es que recibes apoyo de otras personas y puedes compartir el éxito de los demás.*

*¡A toda máquina; juntos podemos superar lo bueno y lo malo!*

### ■ Significado básico

No solo el jinete coronado de laurel sino también los que van a pie, el caballo y los bastos son un espejo: para ti y para las diversas personas implicadas en tu situación actual. En este momento el éxito depende de un buen trabajo en equipo para coordinar los distintos intereses. Solo puedes ganar si respetas por igual tanto los puntos fuertes como los flacos.

### ■ Experiencia espiritual

Tomar parte en un proyecto mayor que la suma de sus componentes individuales. Avance individual a través del progreso común.

### ■ Como carta del día

Asume el liderazgo y la responsabilidad. ¡Ponte objetivos que merezcan la pena!

### ■ Como prognosis/tendencia

Tu situación actual te proporciona una oportunidad para desarrollar aún más tus puntos fuertes y tu voluntad. ¡Nada de medias tintas!

### ■ En el amor y en las relaciones

Sal de tu caparazón: muéstrate con tus fortalezas y tus debilidades, también en el amor y en la sexualidad.

### ■ En el éxito y en la felicidad

Cuando solo hay un ganador, los perdedores son muchos. Conseguirás tus mayores éxitos cuando muchos o todos puedan compartirlos. No te conformes con menos.

# Los 10 símbolos más importantes

### La postura de la figura

Ya sea un simple juego o una disputa grave, los bastos y los diversos aspectos que muestra la imagen están siempre relacionados contigo y con tu desarrollo.

### El altozano – ❶

**Positivo:** buena posición, lugar seguro, superioridad, un puesto de observación, superar la mezquindad y la estrechez de miras. **Negativo:** arrogancia, altivez, desconsideración hacia los que son «menos» que uno, complejo de control.

### El altozano II

Puesto que los bastos suelen estar relacionados con las energías (voluntad, impulsos, obras, inclinaciones), en la imagen se muestran diversos estados, es decir, distintos niveles de energía y motivación.

### La perspectiva de abajo arriba

Te has esforzado para subir. Los seis bastos de la parte inferior representan la escalera (profesión) que has subido o las tareas que tienes que afrontar y que te van a elevar a un nivel nuevo de energía.

### La perspectiva de arriba abajo

Bajas a las profundidades. Hay postes que plantar, vallas que dibujar, el proyecto debe enraizar. **También:** bajarse los humos, captar el sentido de las realidades de la vida.

### La postura del brazo – ❷

Las cosas, de una en una. Concentración en una tarea principal. Es posiblemente un gesto defensivo pero también puede estar cogiendo un basto que le están entregando desde abajo. Paralelo a I–El Mago, «como arriba es abajo».

### El altozano III

Experiencia cumbre, apogeo, la conexión entre el deseo y la realidad. El conjunto de los siete bastos forma un triángulo grande, considerablemente mayor que la figura.

### Dos tipos distintos de calzado – ❸

**Bota:** protección contra la mordedura de las «criaturas bajas»; vulgaridad. **Zapato:** vida civilizada. **Juntos:** la combinación de lo salvaje y lo cultivado. **Positivo:** aumento de la vivacidad.

### Los colores verde y amarillo – ❹

**Positivo:** fructificación y crecimiento. Esperanza justificada. Frescura. La persona vuelve a encontrar su propia naturaleza y su aspecto salvaje. **Negativo:** inmadurez y envidia. Inquietud, estar coaccionado, ambición falsa.

### El cielo azul

**Los cielos** = el reino divino y el reino de la voluntad. **Azul claro** = la profundidad de los cielos, agua (clara). **Positivo:** alegría, una voluntad clara, una mente lúcida. **Negativo:** un golpe inesperado, hacer castillos en el aire.

# Siete de bastos

A primera vista parece una imagen relacionada con una pelea o con una disputa. Por otra parte, los siete bastos podrían pertenecer a la figura. Esta carta es también una imagen de la consecución de un nivel nuevo —frenéticamente, en una lucha (contra uno mismo o contra otros)— o de dejar atrás el pasado y sembrar una nueva cosecha.

*Estas botas se hicieron para caminar. ¿O está ahora el zapato en el otro pie?*

### ■ Significado básico

La carta para trabajar con la energía. Cuando «captamos» lo que está sucediendo, tenemos oportunidad de desarrollarnos: de alcanzar nuevas alturas y de penetrar más en las profundidades. Es un incentivo para dejar crecer nuestra personalidad y permitir que brille nuestra luz. Pero cuando solo agarramos lo que ya tenemos en nuestras manos y nada más, la imagen es una advertencia contra los bloqueos, contra la resistencia innecesaria y contra hacernos la víctima.

### ■ Experiencia espiritual

¡Quema tus naves cuando hayas llegado a la otra orilla!

### ■ Como carta del día

Lo que haces puede cambiar los hechos. Lo importante es que tú importas... ¡y eso es un hecho!

### ■ Como prognosis/tendencia

El exceso de actividad y el castigo no sirven de ayuda en este momento. Lo importante es el esfuerzo pausado, cuidadosamente dirigido, hacia un nivel nuevo.

### ■ En el amor y en las relaciones

Todas las cosas vivas crecen. Y lo que crece se desarrolla en etapas. De esto va el amor en este momento.

### ■ En el éxito y en la felicidad

Estás en el camino del progreso. Vas sabiendo cada vez más cómo asumir tareas mayores y distintos tipos de energía.

## Los 10 símbolos más importantes

### No aparece ninguna figura

Una de las pocas cartas sin personas. **Positivo:** crecer por encima de nuestras propias limitaciones, «saltar por encima de tu sombra», compromiso sin ego. **Negativo:** pérdida del yo, no tomarse en serio a uno mismo, mucho ruido y pocas nueces.

### Perspectiva I – ❶

Los ocho bastos están llegando a tierra. Algo se está encaminando hacia ti. O los ocho bastos están despegando como ocho lanzas, ocho flechas. Algo quiere ponerse en movimiento, ¡levántate y anda!

### Perspectiva II

Una octava, una escala de energías. **La imagen de la escalera de Jacob en el Antiguo Testamento.** Los ángeles construyeron una escala para que Jacob pudiera subir y bajar entre el cielo y la tierra.

### Perspectiva III

Ocho bastos que forman una valla o una barrera que bloquea el camino a la casa de la otra orilla del río. **Pero también:** las alas de la exaltación, buenas vibraciones, «¡abróchense los cinturones antes de despegar!».

### Perspectiva IV

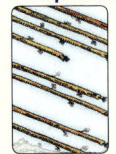
El inicio y el aterrizaje carecen de importancia; lo fundamental es que los bastos están en movimiento, en camino. **Entonces significan:** seguir nuestro propio camino, asumir las responsabilidades, no ser de ideas fijas, utilizar nuestras alas.

### La alineación de los bastos

La coordinación de muchas tareas, inclinaciones e intereses diferentes. Eres como un director de orquesta o un entrenador capaz de «alinear» cosas muy variadas. **Negativo:** regularidad aburrida, falta de creatividad.

### El marco – ❷

**Un campo abierto, grandes tareas,** hay mucho que afrontar y mucho que conseguir. El río representa la continuidad en el cambio, la conexión entre la fuente y la desembocadura. Estar y permanecer energéticamente «en la corriente».

### El castillo/la casa – ❸

**Buscar el hogar.** Por un lado, la casa es el objetivo de nuestros esfuerzos o nuestros esfuerzos son el puente para alcanzar el objetivo. Pero también: tu hogar siempre ha estado allí donde puedes hacer realidad tu potencial.

### Los colores amarillo y verde – ❹

Fructificación y crecimiento. Pero también una advertencia contra la inmadurez y la envidia (idealismo desencaminado, nada más que fanfarronería). Los ocho bastos podrían ser una metáfora de nuestras proyecciones.

### El cielo azul/el río azul – ❺

**Azul:** sentimientos, alma, mente, frialdad, anhelos, intensidad, ingenuidad. **Positivo:** alegría, ligereza, voluntad clara, mente lúcida. **Negativo:** idolatrar a alguien, hacer castillos en el aire, embriaguez.

# OCHO DE BASTOS

*Mucho movimiento; una escalera/escala de intereses simultáneos y desarrollos paralelos. También una de las cartas en las que no aparecen personas. Uno consigue muchas cosas pero se pierde de vista a sí mismo en el proceso. O uno está plenamente absorto en sus tareas y construye un puente entre el cielo y la tierra.*

«Permanece sobre la alfombra; ¡ya ha despegado!» (Johannes Fiebig).

### ■ Significado básico
Los bastos representan las energías vitales; los impulsos y los objetivos son el combustible del fuego interior. Ocho bastos forman un dibujo de muchas energías. Es una carta de «transferencia energética» variopinta. Como si fuesen campos magnéticos que interactúan entre sí, las fuerzas implicadas pueden amplificarse o bloquearse unas a otras o incluso cancelarse.

### ■ Experiencia espiritual
¡Aceptar que tenemos las alas rotas y aprender a volar otra vez!

### ■ Como carta del día
Las grandes tareas exigen grandes esfuerzos; en este caso, más intuición y consciencia.

### ■ Como prognosis/tendencia
Evalúa los cambios en muchos niveles pero también un mayor intercambio de energía que facilita muchas cosas y posibilita algunas.

### ■ En el amor y en las relaciones
Asegúrate de que el flujo de energía no está interrumpido y busca las «buenas vibraciones», tanto dentro de ti como entre otras personas y tú.

### ■ En el éxito y en la felicidad
Sé consciente o date cuenta de la verdadera motivación, tanto tuya como de los demás. ¡Eso te permitirá combinar muchas formas de energía sin necesidad de manipulación alguna!

# Los 10 símbolos más importantes

### La postura de la figura

La tarea que tienes entre manos es manejar un gran número de bastos (o impulsos, actos, deseos, objetivos). **Positivo:** das un paso adelante. Quizá a tierras desconocidas. **Negativo:** la ley de Murphy; te están esperando unos lobos hambrientos.

### La distribución de los bastos I – ❶

Los ocho bastos y el campo verde están detrás de la figura: es probable que esta no sepa que están ahí, que no se haya percatado de ellos. Quizá tenga la sensación de que algo está sucediendo pero no sabe qué es.

### La distribución de los bastos II

La situación positiva es que la figura sí está al tanto de los nueve bastos, ha elegido deliberadamente uno de ellos y luego ha dado un paso al frente. **Para ser exactos**, ha elegido el basto que está más cerca de su corazón.

### La distribución de los bastos III

Tu obligación y tu habilidad para gestionar muchos impulsos y cosas diferentes; literalmente, para «ponerlos en orden» y también para aprender a aceptar distintos grados de desarrollo (bastos de diferentes alturas).

### El campo verde – ❷

El verde es el color de la naturaleza, de la vitalidad, del crecimiento y, por tanto, también de la esperanza. Pero por otra parte puede representar la inmadurez, la falta de finalización, algo a lo que «le falta un hervor». Y todo eso está detrás de la figura.

### La tierra gris

**Positivo:** lugar neutral alejado de prejuicios y hábitos. Ecuanimidad. **Negativo:** acción inconsciente, indeterminación, apatía, sobre todo en lo que se refiere a los bastos y al campo verde del fondo.

### La postura de las manos – ❸

Una cosa cada vez. Agarra con las dos manos. Manejar cosas, echar una mano, práctico, literalmente coger algo. **Negativo:** inseguridad, no soltar amarras, aguantar desesperadamente.

### La venda de la cabeza – ❹

**Negativo:** venda, herida, pensamientos equivocados. Figurativo: tocado «absurdo». **Positivo:** como en I–El Mago y el Tres de bastos: preparado, alerta, prestando atención a todo lo que le rodea («radar»).

### La expresión – ❺

La mirada de la figura puede expresar miedo intuitivo o alerta intuitiva. Intuición: (latín) mirada protectora, percepción holística. ¡Uno debe ver lo que está sucediendo para poder comprenderlo!

### La postura de la figura II

Posibles descripciones: centinela, deportista, cazador, luchador, vigilante, aventurero, individualista. **Positivo:** una persona muy alerta, consciente. **Negativo:** un indeciso, entre dos aguas, un mero observador.

# Nueve de bastos

*La imagen de una persona que está tanteando, quizá con miedo, quizá solo con atención: hay mucho crecimiento, cambio y transformación. Al igual que el cazador que se esconde o el explorador que se aventura por el camino, tienes y aprovechas una consciencia generalizada, una alerta incrementada.*

*¿Qué está pasando aquí?*

### ■ Significado básico
Los bastos simbolizan el fuego y las ansias. El verde del campo es un signo de crecimiento y madurez. Las diversas longitudes de los bastos indican diferentes grados de desarrollo en un periodo concreto. ¿Sabe la figura lo que está sucediendo a su espalda? ¿Se da cuenta de lo que pasa? ¿Ha cogido lo que es suyo?

### ■ Experiencia espiritual
Búsqueda de una visión; ¡busca y encuentra la tuya propia!

### ■ Como carta del día
¡Da un paso al frente! Calma tus miedos y satisface deseos importantes (para ti y para otros)!

### ■ Como prognosis/tendencia
Te vendrá bien deshacerte de tus viejos instintos y suposiciones; aceptar nuevos impulsos y participar en experiencias nuevas.

### ■ En el amor y en las relaciones
¡Desecha los viejos hábitos, supera tus límites!

### ■ En el éxito y en la felicidad
Ten el valor de aceptar tus sentimientos y visiones: ¡no hay nada más importante en este momento y esta carta es el instrumento perfecto para ello!

# Los 10 símbolos más importantes

### La postura de la figura

**Negativo:** sobrecargado, excesivamente fatigado. **Positivo:** cuando uno sigue (literalmente) sus inclinaciones con todo su corazón, puede conseguir muchas cosas. Caer hacia adelante, dar todo lo que se tiene, produce satisfacción.

### Los bastos en manojo

Tu capacidad y tu tarea tanto de distinguir entre muchos bastos diferentes (impulsos, actos, energías, intereses) como de juntarlos y unirlos. ¿Muchos bastos? ¡No, todos los bastos!

### Los bastos en manojo II

Los diez bastos representan un paquete de energía. Y la persona que los lleva y los transporta también debe estar llena de energía. ¡Hay que hacer un esfuerzo máximo!

### El bosque de delante – ❶

**Negativo:** los árboles no nos dejan ver el bosque. **Positivo:** la persona se pone manos a la obra, se concentra en lo que tiene que hacer. El impulso (la vara, el basto) y el intelecto (la cabeza) crecen juntos.

### La postura inclinada – ❷

**Negativo:** dificultades para soltar amarras, no dejar atrás las dificultades. **Positivo:** una forma mejor de avanzar. Caminar a grandes zancadas, ponerse por delante, meter el morro.

### La casa I – ❸

La casa representa seguridad, protección, hogar, riqueza, privacidad. **Y también:** identidad, un lugar propio. Por un lado, la casa es el objetivo de los esfuerzos que te están acercando cada vez más a ella…

### La casa II

… y, por el otro: el lugar donde invertimos todas nuestras energías es allí donde crece nuestro jardín, donde ya nos sentimos en casa aunque aún nos quede mucho camino por recorrer. La sensación de hogar es también un estado energético.

### La tierra de color

«amarillo sucio» – ❹

Una mezcla de sol y oscuridad, luz y sombra. **Negativo:** motivos mezclados, fundamentos poco claros o turbios. **Positivo:** sensación de realidad con consciencia de los peligros y de lo que se oculta en las sombras.

### La túnica marrón rojiza

El mismo color del caballo del Caballero de bastos: ¡en ambos casos estamos viendo un «zorro»! **Positivo:** ingenio en los impulsos e instintos. **Negativo:** picaresca, aprovecharse de los demás. Y: ¡engañarse a uno mismo!

### El cielo azul

**Los cielos** = el reino divino y el reino de la voluntad. **Azul claro** = cielo (despejado), agua (clara). **Positivo:** ligereza, alegría espiritual, una voluntad clara, una mente lúcida. **Negativo:** ingenuidad, hacer castillos en el aire, embriaguez.

# Diez de bastos

*Una figura aplastada por la carga; una advertencia para que no convirtamos la vida innecesariamente en algo difícil. En un sentido positivo, la imagen muestra dedicación y éxito: una persona que asume sus tareas con toda el alma, que sigue sus inclinaciones, que hace las cosas y que busca objetivos cada vez mayores.*

*Los árboles no dejan ver el bosque o avanzar.*

### ■ Significado básico
La máxima cantidad de bastos: el mayor esfuerzo, un esfuerzo total de la voluntad… para lo bueno y también para lo malo. O absolutamente equivocado, abdicación de la propia voluntad, malgastando la energía; o aceptación de todas las energías vitales disponibles, todos y cada uno de los impulsos y objetivos. La mejor inversión de la energía. Éxito. Coger la vida con las manos y avanzar a grandes pasos.

### ■ Experiencia espiritual
«Coger la cruz». Como símbolo, la cruz es más antigua que el cristianismo y, al igual que el círculo y el cuadrado, es una señal de diferenciación entre fuerzas y la unificación de todas ellas (p. ej. la rosa de los vientos).

### ■ Como carta del día
Ha llegado el momento de actuar. ¡Da todo… para conseguir lo que anhela tu corazón!

### ■ Como prognosis/tendencia
Solo cuando concedes toda tu atención a una persona o a un problema llegas a entenderlo plenamente.

### ■ En el amor y en las relaciones
¡Suelta lastre y analiza de nuevo lo que está sucediendo y tus motivaciones internas!

### ■ En el éxito y en la felicidad
Sigue tus inclinaciones, empuja hacia adelante; ¡eso te dará ventaja!

# Los 10 símbolos más importantes

### La postura de la figura

La Reina contempla su precioso cáliz con arrobo. Su soberanía se basa en este respeto por la belleza y el valor de las copas, es decir, de su alma y sus necesidades.

### La copa grande I – ❶

Esta es la única carta de copas en la que aparece este cáliz grande, sagrado, especialmente valioso. Representa la **riqueza espiritual de cada persona, el valor indescriptible de su alma**. Y: una advertencia contra la prepotencia.

### Los dos ángeles/elfos/hadas – ❷

Subrayan lo valioso que es el cáliz y su mensaje es el siguiente: **lo que es de uno es sagrado**. La integridad y la protección de nuestra propia individualidad es un derecho básico.

### La copa grande II

Solo en esta carta aparece la copa cerrada. El trono, por el contrario, está abierto de par en par. Juntos simbolizan **la polaridad de la existencia espiritual**. El trono representa el oído receptivo, y la copa, la singularidad de la persona.

### El trono gris

El trono grande en forma de concha es un signo de apertura espiritual y participación. **Positivo:** estimula la paciencia y una actitud sin prejuicios hacia los sentimientos. **Negativo:** advertencia contra la falta de implicación y la indiferencia.

### La túnica azul suelta

Un signo de la vinculación con los mundos acuáticos. Nuestros cuerpos están compuestos en un 80% de agua. Tan a gusto en el agua como en la tierra. **También:** el factor decisivo es ser consciente de los sentimientos.

### Niños/niñas de agua/ninfas – ❸

El niño interior, los sentimientos infantiles, las tentaciones buenas o no tan buenas, inmadurez emocional, seguir siendo joven de corazón a una edad avanzada. **La fuente de la juventud:** renacer una y otra vez en esta vida.

### El pez – ❹

Posiblemente fuera del campo de visión de la figura. **El pez es un símbolo de riqueza y felicidad** y también de superar las actitudes egoístas (como un pez en el agua). ¡Es necesario tener esto en cuenta de forma consciente!

### El acantilado – ❺

Los triunfos y desastres de la vida que debemos afrontar. La experiencia repetida de estos momentos altos y bajos es lo que nos permite nacer una y otra vez, crecer y de ese modo alcanzar al fin nuestro potencial.

### Las piedras de colores – ❻

El agua blanda moldea la piedra dura. **La tarea:** aceptar lo que está por venir. Obstáculos que debemos retirar del camino. Hacer saltar piedras en el agua.

# Reina de copas

*Tú eres como esta reina. ¡Esta carta enfatiza tu dignidad real y tus atributos femeninos! Posees y estás desarrollando un dominio mayestático sobre las fuerzas espirituales de la vida. Necesitas todas tus habilidades como ser humano dotado de un tesoro de sentimientos e inteligencia emocional.*

¡Con un cáliz especialmente valioso!

### ■ Significado básico

La señora de los anhelos del corazón: ¿qué es lo que me va a hacer bien? ¿Qué quiero para mí/para nosotros?
Como sucede con todas las cartas de la corte, esta reina representa un ideal, el dominio perfecto del elemento en cuestión, en este caso, las copas (agua, sentimientos, el alma, las creencias). Tú eres como esta reina... ¡o estás en camino de serlo! O quizá estás destinado a conocer a alguien que encarna a esta *reina*.

### ■ Experiencia espiritual

¡Confía en tu voz interior y en tus sentimientos! ¡Déjalos fluir!

### ■ Como carta del día

Baja al río, o a un lago. Ponte a meditar allí. Abre tu corazón; para todos, no para cada uno.

### ■ Como prognosis/tendencia

El valor incalculable del alma: respetar y ser respetado, esa es la clave de tus relaciones actuales.

### ■ En el amor y en las relaciones

La copa está completamente cerrada. Y la concha del trono está bastante abierta. Es también una pista para que no te quedes a medio camino.

### ■ En el éxito y en la felicidad

Puedes confiar en tus «instintos viscerales». Lo principal es aprender a separar el trigo de la paja en cuestiones de gustos y emociones.

# Los 10 símbolos más importantes

### La postura de la figura

Este rey se caracteriza por su actitud abierta y su mirada clara y también por su notable trono flotante de piedra. Todo ello son señales de su dignidad, su soberanía y su contento.

### El trono en el agua I – ❶

El agua sostiene. **Los sentimientos y las creencias son los pilares de la existencia de este rey.** ¿Por qué no se hunde inmediatamente con su pesado trono? Espíritu, dignidad, consciencia: ¡las fuerzas aéreas que le permiten flotar en el agua!

### El trono en el agua II

En este caso lo importante no son solo los sentimientos sino también las demandas personales. Los anhelos y los deseos son sentimientos concentrados; ellos también sostienen a flote el pesado trono de piedra.

### Gran trono gris

El gris es el color de la neutralidad y de la sangre fría. **Positivo:** ecuanimidad, falta de prejuicios, equilibrio. **Negativo:** indiferencia; aquí: aislamiento, soledad (autoinducida).

### El barco de vela – ❷

**Positivo:** el lastre no es necesariamente un impedimento sino algo necesario para alcanzar el éxito en el viaje = las cargas están ahí para que las manejemos. **También:** ser capaz de afrontar los vientos cambiantes. **Aviso:** peligro de quedar a merced de los vientos.

### El animal marino – ❸

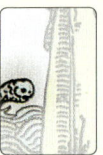
Pez, serpiente marina u otro ser: se hace visible aquello que suele estar sumergido. El rey comprende los procesos internos, los sentimientos y los deseos y eso le confiere dignidad y soberanía.

### El colgante del pez – ❹

**La tarea** y la capacidad de expresar sentimientos. Y expresar en voz alta necesidades muy profundas. **Peligro** de ronquera o de falta de aliento cuando los sentimientos no encuentran el camino hacia el exterior.

### La copa en la mano derecha – ❺

Alerta, capacidad de captar las necesidades del momento, consciencia, concentración en la tarea que se tiene entre manos, seguir el sendero de la honestidad y la integridad. Tener en cuenta de forma consciente los deseos y los miedos es lo correcto…

### El cetro en la mano izquierda – ❻

… que también nos permite tomar muchas decisiones con facilidad. **Consciencia significa preguntarse:** ¿qué deseos merecen la pena y cuáles no? ¿Qué miedos merecen la pena y cuáles no?

### Los colores primarios: rojo–amarillo –azul

**Positivo:** eres fiel a tus objetivos principales, a tu fuente y a tus motivaciones originales. **Negativo:** tus deseos son excesivamente simples. Apenas aprovechas tu mayor potencial.

# REY DE COPAS

*Tú eres como este rey. ¡Esta carta enfatiza tu dignidad real y tus atributos masculinos! Estás desarrollando un dominio mayestático y espléndido sobre las fuerzas espirituales de la vida. Necesitas ejercer tu soberanía como ser humano dotado de intuición profunda y un gran potencial de cambio.*

*Los anhelos que nos sostienen: ¡aquello que soporta nuestro peso nos mantiene arriba!*

### ■ Significado básico
El señor de los anhelos espirituales: «¿Qué espero de la vida/de mi pareja/de este momento? ¿Cómo puedo alcanzar la plenitud?». Como sucede con todas las cartas de la corte, este rey representa un ideal, el dominio perfecto del elemento en cuestión, en este caso, las copas (agua, sentimientos, el alma, las creencias). Tú eres como este rey... ¡o estás en camino de serlo! O quizá estás destinado a conocer a alguien que encarna a este rey.

### ■ Experiencia espiritual
Los caminos sin límites ni orillas...

### ■ Como carta del día
¿De qué sirve una vida sin anhelos? Posees instintos que están esperando a ser agudizados, intuiciones y tentaciones que debes investigar con más atención.

### ■ Como prognosis/tendencia
La satisfacción de los deseos y el análisis de los miedos nos llevan a un estado deseable en el que nos sentimos felices y sin anhelos.

### ■ En el amor y en las relaciones
¡No te preocupes por todo! No merece la pena malgastar el tiempo con acusaciones y reproches; ¡es mucho mejor emplearlo en disfrutar plenamente de las cosas!

### ■ En el éxito y en la felicidad
¡Averigua qué es lo que aquellos que te rodean y tú mismo deseáis por encima de todo!

# Los 10 símbolos más importantes

### La postura de la figura

Una personalidad preeminente, cabalgando por el mundo para llenar la copa o para compartir su contenido con otras personas. Ambos son aspectos de una forma de actuar galante y señorial con el elemento agua.

### La armadura – ❶

La armadura con el casco, las espuelas y la visera abierta son los atributos de cualquier caballero. **Positivo**: protección y seguridad. **Negativo**: anclado en las costumbres propias, prisionero de su «concha protectora».

### Las alas de Hermes – ❷

En sintonía con el amor de la cabeza a los pies. El vínculo entre la mente (aire) y los sentimientos (agua): **gestionar de forma consciente los sentimientos y las creencias**. **Advierte contra**: el dogmatismo, utilizar los sentimientos como caparazón inflexible.

### El caballo gris – ❸

Caballo y jinete forman una unidad. Los impulsos y el instinto (el caballo) desempeñan un «papel de apoyo». Aquí el gris es el color de la estabilidad emocional. **Positivo**: amor sin vehemencia ni prejuicios. **Negativo**: languidez interior.

### El paso del caballo – ❹

Juguetón, bailarín, como si estuviera haciendo una exhibición de doma. **Positivo**: ennoblecimiento de los instintos y los impulsos. Capacidad para afrontar las necesidades y las pasiones. **Negativo**: exhibición de doma, subordinación, falta de espontaneidad.

### La copa en la mano derecha

**Copa vacía**: una señal de búsqueda y de anhelo. **Copa llena**: sentimientos buenos o no tan buenos que se expresan ante el mundo. El contenido de la copa queda para la imaginación del observador.

### El río – ❺

Solo si uno se somete al cambio puede permanecer fiel a sí mismo. La conexión entre la fuente y la desembocadura. **Permitir que sentimientos fluyan y encuentren su canal**.

### Montañas

**Negativo**: obstáculos, resistencia, formación de sentimientos. Pero también **positivo**: experiencia cumbre, apogeo, tareas para toda la vida.

### El campo

Montaña y valle, prado y árboles, un río con meandros: una expresión de alegría de vivir, **disfrute y bienestar**. Un paisaje corriente: una atmósfera agradable, acogedora y llena de armonía.

### Los peces – ❻

Riqueza, felicidad, multiplicidad (una manada de peces), comunidad, el conjunto, la totalidad. Sentimientos inmensos que incluyen la crueldad, la violencia primitiva. ¿Carpa dorada o tiburón?

# Caballero de copas

*Tú eres como este caballero. Esta carta enfatiza tu soberanía ¡y tus atributos masculinos! Posees una forma holística y señorial de manejar las fuerzas espirituales de la vida y la estás desarrollando aún más. Necesitas toda tu determinación como ser humano dotado de afecto profundo y pasión.*

*Animoso de la cabeza a los pies; o incluso hasta más arriba...*

### ■ Significado básico
El señor de las creencias: «¿En qué creo? ¿Qué objetivos merecen la pena? ¿Cuál es la mejor manera de conseguirlos?». Al igual que todas las cartas de la corte, este caballero representa un ideal, el dominio perfecto sobre el elemento en cuestión, en este caso las copas (agua, sentimientos, el alma, las creencias). Tú eres como este caballero... ¡o estás en camino de serlo! O puede que estés destinado a conocer a alguien que encarna a este caballero.

### ■ Experiencia espiritual
¡En busca del Santo Grial!

### ■ Como carta del día
Evita la credulidad, la desconfianza, la infidelidad y la superstición. ¡Comprueba e investiga con la mente despierta y abierta!

### ■ Como prognosis/tendencia
Las grandes pasiones, las visiones de vida y el propósito de avanzar hacia el futuro son algo que generalmente no se puede confirmar ni negar por las experiencias vividas hasta la fecha. ¡Por eso es tan importante examinar nuestras creencias

### ■ En el amor y en las relaciones
El corazón y la mente están para ayudarnos a experimentar pasiones profundas y sublimes.

### ■ En el éxito y en la felicidad
Las emociones poderosas son lo que más nos mueve... y con lo que más movemos. ¡Son tu motor!

# Los 10 símbolos más importantes

### La postura de la figura

La postura de la sota sugiere tanto inclinación positiva como reserva, curiosidad y también precaución… equilibrio desenfadado como camino hacia la soberanía y la maestría.

### La postura de la figura II

La posición de las piernas indica flexibilidad, tendencia positiva y reticencia todo al mismo tiempo. **Positivo:** educación, circunspección, paso a paso. **Negativo:** falta de compromiso, incapacidad para decidir, inconstancia.

### Cerca del agua – ❶

El agua está sumamente cerca; el mundo de la figura está formado solo por el agua y el pez en la copa. Y las aguas están a su espalda, puede que le hayan pasado inadvertidas, están en su subconsciente.

### El pez en la copa I – ❷

El pez es un **símbolo de felicidad, prosperidad y una vida rica y significativa**, pero también de frialdad, crueldad, instinto gregario, dependencia. Las riquezas del océano se hacen tangibles.

### El pez en la copa II

**Evidente:** pescador, submarinista, biólogo marino. **Simbólico:** acceso a los tesoros del mundo acuático: feliz facilidad para comprender los sueños, las premoniciones y las visiones.

### El pez en la copa III

**Significado principal:** acceso con facilidad y sencillez, comprensión de las riquezas del agua y del alma. Advertencia contra el exceso de entusiasmo y la irresponsabilidad: el pez está erguido y seco, fuera de su elemento.

### Las vestiduras – ❸

El agua es una parte constitutiva del hombre. **Tareas:** reconocer la parte que nos corresponde en el gran ciclo hidrológico de la naturaleza. Valorarse a uno mismo como una joya preciosa en el río de la vida.

### Los nenúfares – ❹

**Positivo:** un signo de belleza, pureza, el valor de la vida espiritual. **Negativo:** los nenúfares dibujados en la túnica carecen de raíces. Peligro de desarraigarse, sacar las cosas de contexto.

### Los colores azul y rojo – ❺

**Positivo:** espiritualidad (azul) y voluntad/anhelo del corazón (rojo) mezcladas y formando una pasión elevada. **Negativo:** «inocentes ojos azules» y fervor/ego (rojo) que se suman y dan tibieza o una violación emocional de otras personas.

### El sombrero azul – ❻

Espiritualidad, sentimientos, creencias y la mente. **También:** anhelo, salido de la nada, melancolía. **Positivo:** aclamación, ligereza, mantener la cabeza fría. **Negativo:** castillos en el aire, intoxicación, exceso de admiración.

# Sota de copas

Tú eres como esta sota. Esta carta enfatiza tu autonomía y también tu juventud y tus atributos juveniles. Tienes o necesitas una forma alegre de adquirir el dominio de los sentimientos y necesidades. Se necesitan todas tus facultades como ser humano sumamente comprensivo y compasivo.

*¡Aférrate a lo que ayuda a tu alma a alcanzar su madurez!*

### ■ Significado básico

La aventura de los sentimientos, los anhelos y la creencia: «¿Cómo puedo satisfacer (mis) deseos? ¿Cómo puedo reducir (mis) miedos?». Al igual que todas las cartas de la corte, esta sota representa un ideal, el dominio perfecto sobre el elemento en cuestión, en este caso, las copas (agua, sentimientos, el alma, las creencias). Tú eres como esta sota… ¡o estás en camino de serlo! O puede que estés destinado a conocer a alguien que encarna a esta sota.

### ■ Experiencia espiritual

Desear con éxito…

### ■ Como carta del día

Expresa clara y directamente tus deseos y tus miedos. Y actúa en consecuencia.

### ■ Como prognosis/tendencia

Nuevos conocimientos. Con empatía, meditación y comprensión puedes reconocer tu camino; de esa forma puedes servir de ayuda a los demás y a ti mismo.

### ■ En el amor y en las relaciones

¡Coge de la mano a tu corazón y defiende tus deseos y tus exigencias!

### ■ En el éxito y en la felicidad

¡No dejes que el pez se seque! ¡Expresa en voz alta aquello que tu corazón quiere decir!

# Los 10 símbolos más importantes

### La carta como espejo

El agua es un símbolo de la vida espiritual. Las copas dan al agua (como representante de nuestros aspectos espirituales) «forma y ser»: necesidades, sueños, premoniciones, deseos. El hombre como receptáculo: participación en el flujo de la vida.

### La copa I – ❶

Tanto en el Tarot como en la interpretación de los sueños, en los cuentos de hadas y en astrología, el agua está siempre relacionada con el alma, con la vida espiritual, con los sentimientos y con las creencias. El vínculo entre el agua y la mente/espíritu es un indicio de espiritualidad.

### La copa II

La copa representa aquello que hace que el agua (sentimiento, creencia) sea algo tangible, es decir, nuestras necesidades espirituales, los deseos y miedos visibles al ojo interior. Doble sentido: es necesario separar los sentimientos positivos de los negativos.

### Los cinco chorros de agua I – ❷
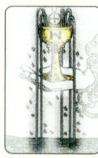
La copa es la fuente de cinco surtidores de agua; o quizá cinco chorros ascienden hasta la copa. Una imagen de los grandes ciclos naturales y un símbolo de la conexión de los individuos con el Río de la Vida.

### Los cinco chorros de agua II
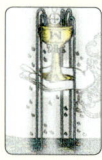
La relación entre el mar y la copa: conexión con todo lo demás, igual que la que existe entre una gota de agua y el océano. Cada uno de los chorros: diferenciación entre uno mismo y todos los demás; ordenar y distinguir los distintos sentimientos.

### 26 gotas – ❸
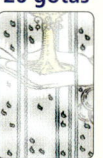
Gracia divina. Lágrimas humanas. Conexión entre el agua y el aire: espiritualidad. Resalta la transición entre arriba y abajo. El lenguaje de los sentimientos.

### La paloma blanca – ❹

El Espíritu Santo, la divinidad. También la paloma de la paz, símbolo de sabiduría (Sophia) y amor (Eros, Afrodita). Pero también: histeria mental (Los pájaros de Hitchcock).

### La cruz/la letra – ❺

La letra podría ser una W y hacer referencia al autor de la baraja, A. E. Waite. También podría ser una referencia, junto con la hostia eucarística que lleva la paloma en el pico, al papel de la Iglesia como transmisora de la fe.

### Nenúfar/loto – ❻

Belleza, pureza, iluminación. En la tradición de Asia Oriental, y especialmente en el simbolismo budista, constituye una metáfora por su forma de emerger del pantano para dar una flor especialmente hermosa.

### La mano que emerge de la nube

La copa es un regalo para ti. Tú mismo eres un regalo, para ti y para el mundo. Acepta este obsequio y aprovéchalo. Escucha el lenguaje de tus sentimientos.

# As de copas

*El regalo de la vida: la copa simboliza la vida espiritual de una persona, la capacidad de un alma, sus deseos, miedos y sentimientos. El agua representa el mar, los sentimientos oceánicos, nuestra conexión con todas las cosas.*

*¡Alabado sea aquello que nos permite sentir y fluir!*

### ■ Significado básico

Las copas son los recipientes que nos aportan sensación de «hogar»: están relacionados con las necesidades espirituales, los anhelos, las creencias y todo aquello que nos mueve y nos llena por dentro. Lo esencial es el flujo. La idea clave es el alma que se purifica y se limpia con el agua. El as proporciona una entrada elemental. ¡Es toda tuya!

### ■ Experiencia espiritual

Bautismo. Transformación y el comienzo de una vida nueva.

### ■ Como carta del día

Limpia todo lo que está embarrando tus sentimientos. Aclara tus emociones.

### ■ Como prognosis/tendencia

Todas las cartas de copas son una invitación a recibir algo (pasivo) o a dejar algo atrás (activo). Cuando las cosas fluyan encontrarás la respuesta que estás buscando.

### ■ En el amor y en las relaciones

Nosotros somos el mar y la copa: en contacto con todas las cosas pero libres e independientes. Estos aspectos contrastantes aportan tensión y liberación, también en tus relaciones.

### ■ En el éxito y en la felicidad

No es el momento de grandes promesas o compromisos sino de integridad personal.

# Los 10 símbolos más importantes

### La postura de las figuras

Las figuras están casi de perfil. **Positivo:** dos mitades forman un todo. **Negativo:** si siempre vemos a la otra persona como nuestra «mitad mejor», quedamos reducidos a ser solo la mitad de una persona, a amar solo a medias.

### La cabeza de león alada I – ❶

**Emociones poderosas.** En un sentido positivo es un escudo protector que nos presta sus alas y libera una cantidad ingente de energía. Energías fuertes (del corazón y de naturaleza sexual) que se refuerzan entre sí y crean un campo de energía inspirador.

### La cabeza de león alada II

Emociones que no se han captado o un hechizo. Encerrados juntos, incapaces de moverse del lugar. Un «doble vínculo» en el abrazo común, deseos y miedos entrelazados.

### El báculo de Hermes – ❷

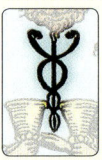
Representa el vínculo entre los impulsos y el intelecto. Las serpientes enroscadas a su alrededor forman ondulaciones que se hacen mayores a medida que van ascendiendo. Para detener este desarrollo hay que «volver a las raíces».

### Laurel y coronas de flores – ❸

En el aspecto negativo es el comienzo de una relación enmarañada. **Positivo:** cómo el amor y el hecho de ser amado pueden convertir la rutina diaria en una celebración y elevarnos a un plano superior.

### Los colores de la Suma Sacerdotisa – ❹

El blanco y el azul representan el lado femenino. Si este aspecto permanece a oscuras o está subdesarrollado o tímido, también representan la parte del ánima/yo de nuestra vida espiritual: temerosa, exigente, desorientada.

### Los colores del Loco – ❺

El negro y el amarillo representan el aspecto masculino. Si este aspecto permanece a oscuras o está subdesarrollado o tímido, también representan la parte del *animus* de nuestra vida espiritual: idealista, desprendido, obsesivo.

### La casa en la colina

Las colinas de la imagen representan los altibajos de la vida. Tarea: debemos buscar nuestra «mitad mejor» dentro de nosotros mismos y de ese modo abrir el camino a una relación real de pareja. Con ello encontramos automáticamente «el camino al hogar».

### Los zapatos rojos – ❻

Sangre de vida, emociones, pasión. **Positivo:** vivacidad. **Negativo:** el aspecto hechizado o gafado de nuestras emociones que es algo que en ocasiones solo está indicado por pequeños detalles.

### El cielo azul claro

**Los cielos** = el reino divino y el reino de la voluntad. **Azul claro** = cielo (despejado), agua (clara). **Positivo:** ligereza, alegría espiritual, una voluntad clara, una mente lúcida. **Negativo:** admiración excesiva, castillos en el aire.

# Dos de copas

*Las dos copas enfatizan la polaridad de nuestra vida espiritual: simpatía y antipatía, deseos y miedos, afecto y rechazo. Cada uno de nosotros debe encontrar una forma de reconocer y afrontar los conflictos internos de su alma.*

El león rojo: ¡un inmenso recurso emocional, para lo bueno y para lo malo!

### ■ Significado básico

Las dos copas representan energías básicas, sentimientos importantes que pueden estar en conflicto entre sí o ser complementarios. Están más bien relacionadas con las intenciones cotidianas normales. Pero también hacen referencia a intereses fundamentales y conflictos mayores. El báculo de Hermes y la cabeza de león alada pueden significar tanto el enlace feliz como el enredo desgraciado de dos almas.

### ■ Experiencia espiritual

El primer gran amor…

### ■ Como carta del día

Afrontar con éxito las emociones fuertes: una tarea para toda la vida que debemos abordar de nuevas una y otra vez.

### ■ Como prognosis/tendencia

El factor decisivo es siempre tener en cuenta conscientemente los sentimientos y necesidades.

### ■ En el amor y en las relaciones

Deja que tu alma extienda sus alas… haciendo algo tú solo o en compañía, hablando las cosas, dejando ir, una reconciliación…

### ■ En el éxito y en la felicidad

La alegría compartida es alegría doble. La pena compartida es media pena.

# Los 10 símbolos más importantes

### La postura de las figuras

**Positivo:** un baile en círculo, una experiencia común que da alas al corazón y abre nuevos horizontes. **Negativo:** ninguna de las portadoras de una copa parece muy abierta ni se dirige directamente a las otras (ni al observador).

### La postura de las figuras II

Aquí vemos, tanto en sentido positivo como negativo, «el poder de las mujeres» en acción, una imagen primitiva que recuerda a la Gran Madre, a las tres Gracias, a las tres Moiras, a la Gran Diosa como virgen, madre y mujer sabia.

### La postura de las figuras III

Las figuras están en movimiento y se miran unas a otras desde una perspectiva algo oblicua. Esto es una representación del poder de las emociones (latín: movimiento, expresión).

### Frutos/recolección – ❶

La cosecha es abundante, es decir, proporciona abundantes motivos de celebración. Disfruta la vida en comunidad, formas parte de ella. **Tarea:** no te olvides de agradecer todo lo que te ha sido concedido.

### Levantar las copas I – ❷

**Positivo:** experiencia de grupo, «levantar las copas», fiesta, la fructificación del alma en su capacidad para elevarse por encima de sí misma. **Negativo:** barbilla elevada, arrogancia emocional. Aparentar.

### Levantar las copas II

Como en el Nueve de copas y en el Diez de copas, aquí también vemos el tema de las copas levantadas…

### De puntillas – ❸

**Positivo:** baile, alegría, animosidad, levantar la copa, brindar. **Negativo:** fachada, artificialidad, pretensión.

### El baile – ❹

**Negativo:** presión del grupo, embriaguez, perderse a uno mismo. **Positivo:** la vida es una fiesta: «No tienes más que pronunciar la palabra mágica y el mundo empieza a cantar» (J. von Eichendorff).

### Rojo, beis, blanco – ❺

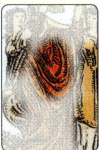
Las figuras representan también la unidad entre el cuerpo, la mente y el alma. El rojo es el alma, el blanco es la mente y el beis es el cuerpo. **Positivo:** ¡ama con todos tus sentidos! **Negativo:** división entre el amor físico, el mental y el espiritual.

### El cielo azul claro

**Los cielos** = el reino divino y el reino de la voluntad. **Azul claro** = cielo (despejado), agua (clara). **Positivo:** ligereza, alegría espiritual, una voluntad clara, una mente lúcida. **Negativo:** ingenuidad, hacer castillos en el aire, embriaguez.

# Tres de copas

*Una vida espiritual fructífera implica el intercambio de ideas, la unión pero también la independencia dentro del grupo. Y, además, la trinidad de cuerpo, mente y alma en un individuo. El mensaje positivo de la carta es la magia de los sentimientos ¡y su advertencia es contra la arrogancia espiritual!*

*¡Las mejores cosas de la vida son tres!*

### ■ Significado básico
Esta carta resalta una gran oportunidad, que al mismo tiempo puede ser un gran peligro; los límites entre las personas se desdibujan. No es fácil ver qué figura sostiene cada copa, qué está haciendo realmente cada una de ellas. Acción y reacción, original y eco se entremezclan. En un sentido bueno: la habilidad notable del alma para crecer y parecerse a los demás. Negativo: un sentimiento de «nosotros» que devora al individuo.

### ■ Experiencia espiritual
Una gran celebración. ¡Convertir la vida cotidiana en una fiesta!

### ■ Como carta del día
No tengas miedo de las reacciones «emocionales». Ábrete a los demás o deja claros tus límites (y no te sorprendas si ello te exige algo de práctica).

### ■ Como prognosis/tendencia
¡La vida se convierte en una fiesta cuando un montón de sentimientos dan fruto a la vez!

### ■ En el amor y en las relaciones
Una palabra a tiempo puede hacer milagros. Di lo que piensas; ¡adelante, merece la pena!

### ■ En el éxito y en la felicidad
Una carta favorable cuando la vemos como una señal de inteligencia emocional. Las emociones de las que somos conscientes son las que nos recompensan.

# Los 10 símbolos más importantes

### La postura de la figura

Podrías ser tú o cualquier otra persona: introvertido nada más o enfurruñado; o quizá meditando, reflexionando sobre las cosas. Esperando algo o dando a las fuerzas creativas la oportunidad de encenderse.

### El árbol – ❶

Desde tiempo inmemorial, un signo de vitalidad y fecundidad. También puede representar a la humanidad: con sus raíces en la tierra y la copa en los cielos, el hombre habita dos mundos diferentes al mismo tiempo.

### Raíz, tronco y copa I

La posición de la figura, cerca de las raíces del árbol, puede simbolizar su conexión con sus propias raíces. En este sentido la carta refleja la retirada positiva, las fases de ir a descansar, soñar, meditar.

### Raíz, tronco y copa II

En otros casos esta carta puede entenderse como un recordatorio de que ha llegado el momento de levantarse y estirarse hacia el cielo como un árbol. El momento de ponerse en pie y presentarse al mundo con todas nuestras hojas y nuestra belleza.

### El altozano – ❷

La figura está un poco elevada. En ocasiones es bueno poner distancia entre uno mismo y determinadas experiencias y asuntos para «procesarlos» y quizá compensarlos; así es como nace la sabiduría y la inspiración.

### La cuarta copa – ❸

Crecimiento espiritual, inspiración, una nueva copa, un nuevo comienzo, una nueva área de experiencia se abre ante nosotros. De todas formas, también está relacionada con la partida y el rechazo: «Aparta de mí este cáliz, si esa es tu voluntad».

### La mano que sale de la nube – ❹

Es la mano del Destino o de Dios la que ofrece la nueva copa. En otro sentido, un producto de la imaginación, un fantasma autocreado que viene a rondar nuestros pensamientos privados.

### El color azul claro

Tienes un cielo ancho y despejado encima de ti. El azul claro representa tanto el agua como el aire. Sin embargo, la mezcla de agua y aire es el espíritu, la espiritualidad. Aquello que presta sus alas a tu alma…

### La nube – ❺

… aunque también le aporta deseos vagos o miedos infundados. La nube está formada por agua y aire. Cuanto más gris, menos transparente… y más aclaración y filtrado necesita.

### El color verde – ❻

Advierte contra la inmadurez personal («estar verde»). También estimula los pensamientos de vitalidad y mayor crecimiento, sobre todo en lo referente a afrontar la responsabilidad con nuestras propias experiencias y necesidades.

# Cuatro de copas

*Hay una nueva experiencia espiritual en perspectiva (la copa que sale de la nube). A veces deberías aceptar la copa, para bien o para mal, tanto si contiene vino dulce como si es una medicina amarga. En otras ocasiones es correcto rechazarla y exigir: «¡Aleja de mí este cáliz!».*

¡De vuelta a las raíces!

### ■ Significado básico

El árbol de la imagen es un símbolo tanto de la naturaleza como de la humanidad como parte especial de la naturaleza. Si bien la figura está sentada junto a las raíces del árbol, está expresando su regreso a sí mismo. En alguna ocasión puede ser una insinuación a descansar de la rutina diaria y encontrar tiempo para la reflexión y la contemplación. Otras veces ha llegado el momento de poner fin al periodo de reflexión y reorientación y, como el árbol, alzarse hacia el cielo.

### ■ Experiencia espiritual

¡Vive la gracia y la gratitud! Saca fuerzas de una experiencia con la naturaleza, ¡háblale a un árbol!

### ■ Como carta del día

Analiza bien tus sentimientos. Haz un alto. Luego, saca conclusiones claras. Pero no te precipites.

### ■ Como prognosis/tendencia

La meditación te ayuda a encontrar las palabras que describan experiencias e impresiones que hasta ahora no has conseguido hallar.

### ■ En el amor y en las relaciones

Aquel que desea alcanzar el cielo debe primero sumergirse dentro de sí mismo. ¡Y eso se aplica también a los altibajos en el amor!

### ■ En el éxito y en la felicidad

A veces solo tienes razones «personales» para hacer algo. ¡Y esas razones son más que suficientes para alcanzar la plenitud!

# Los 10 símbolos más importantes

### La postura de la figura

El negro es el color de la pena pero también de lo desconocido, de lo que no es familiar. ¿Quién es la persona de la imagen? ¿Podrías ser tú? ¿Alguien cercano a ti? ¡Aquí es también donde experimentamos «la negra noche del alma»!

### La figura negra I

A veces nos sentimos vacíos, como las copas volcadas, y quemados; con frecuencia, la única salida es aceptar nuestra tristeza, dar rienda suelta a nuestros sentimientos y dejar que broten las lágrimas.

### La figura negra II

Pero muy a menudo la figura negra no tiene nada que ver con la pena ni con el hartazgo. En un sentido positivo es también un símbolo de transición. Cuando algo realmente nuevo empieza en la vida, primero tenemos que atravesar un túnel.

### La figura negra III

Cuando se pone ante nosotros algo que nos resulta completamente nuevo, que supera nuestra experiencia previa, nuestra alma —la voz interior— dice: «Oscuridad; ¡lo desconozco!». Sigue estando oscura, como una película sin revelar.

### Las copas volcadas – ❶

Representan **las experiencias anteriores del corazón** (rojo) que hay que llorar o dejar ir. Aprende a perdonar sin olvidar y a recordar sin quedarte atascado en el pasado.

### Las copas en pie – ❷

Algo ha pasado, algo ha seguido fluyendo; pero también hay algo nuevo que te está esperando. ¡copas nuevas, nuevas capacidades para tus deseos y tus miedos! **Nuevas posibilidades espirituales y nuevas verdades.** ¡Date la vuelta y encáralas!

### El río – ❸

Solo aquel que permanece en un estado de cambio sigue siendo fiel a sí mismo. El río es un antiguo símbolo de la continuidad y la fiabilidad, por un lado, y del flujo continuo, el cambio constante por el otro. ¡Al mismo tiempo!

### El puente – ❹

Ten fe en el futuro. Cruza el puente y así lo nuevo dejará de ser desconocido. Como la figura de la imagen puedes girarte hacia lo nuevo. Esa es la forma de atravesar el túnel: cruzando el puente.

### La vista de la espalda – ❺

La espalda es la región de las sombras, de lo que no se ve y, por tanto, del inconsciente. Pero también hay una **advertencia**: no te des la espalda a ti mismo. Reconcíliate contigo mismo y con los que te rodean.

### El castillo (¿en ruinas?) – ❻

Como ruina, este edificio muestra el paso del tiempo, al igual que las copas volcadas. Si lo ves como un castillo intacto, puede ser el objetivo, protección y hogar… al que se llega cruzando el puente.

# Cinco de copas

*Por un lado: tristeza, angustia, agotamiento espiritual. Pero también puede representar un comienzo exitoso de algo realmente nuevo, algo de lo que anteriormente solo tenías una idea vaga. Hace falta valor y determinación para encontrar la salida del túnel.*

*¡Ve allí donde el corazón te lleve!*

### ■ Significado básico

Ahí está el puente que lleva a una orilla nueva. El reto es entrar en un territorio desconocido y para ello hay que cruzar el puente. Encontramos la sombra. En sentido psicológico, la «sombra» es una especie de doble, el *alter ego*. La figura negra representa también esta sombra. Personifica aquellos aspectos de nosotros que no vivimos, deseos y miedos que hasta ahora han permanecido en el subconsciente.

### ■ Experiencia espiritual

Una metamorfosis; un periodo de transformación, uno de los «túneles» de la vida, el comienzo de una nueva fase.

### ■ Como carta del día

No intentes escapar de (tus) sentimientos. Llevas mucho tiempo esperando este nuevo comienzo.

### ■ Como prognosis/tendencia

Hay dos copas de pie. Puedes elegir qué sentimientos y necesidades te llevas contigo y cuáles dejas atrás.

### ■ En el amor y en las relaciones

Esta carta saca a la luz la tristeza, el enfado, la mala voluntad, el resentimiento y otras emociones si hasta ahora habían estado guardadas. ¡Ha llegado el momento de solucionar las disputas que están esperando para ser resueltas!

### ■ En el éxito y en la felicidad

Desilusión: reconocer un espejismo, aprender una nueva lección, deja libre una cantidad ingente de energía.

# Los 10 símbolos más importantes

### La postura de las figuras

Tú podrías ser una de estas figuras o las tres. Pueden ser una referencia a tu actitud con la infancia y con los niños. Cómo afrontar la ilusión y la verdad, lo que haces con un rico depósito de experiencias pasadas.

### Copas con flores

Esta es la única carta en la que aparece una copa con flores dentro. Por eso su tema es una existencia espiritual floreciente. Y para ello regresamos al reino de la infancia o a la aventura de la juventud.

### Niños/enanos

El enano grande y la mujercita nos representan a nosotros. Cuando de adultos conseguimos volver a ser niños, demostramos madurez espiritual. Y eso significa repasar las experiencias que tuvimos en nuestra infancia.

### La mujercita que mira de frente – ❶

Aquellos que, a primera vista, ven en primer lugar y sobre todo la cara de frente están viendo y buscando un sí, es decir, el acuerdo en las relaciones y en cuestiones sentimentales. Les resulta más difícil decir que no.

### La mujercita que baja la mirada – ❷

Aquellos que, a primera vista, ven la cara que baja la mirada tienden más hacia el no, es decir, a marcar límites en las relaciones y en cuestiones sentimentales. A ellos les resulta más difícil decir que sí.

### La doble cara de la mujercita

Es una referencia a una antigua imagen con truco que muestra una mujer joven y una vieja bruja… o la muerte. El nombre antiguo de la imagen, que data de la Edad Media, es *Vanitas* («vacío, vanidad»).

### La cruz en X – ❸

Esta cruz no es un simple adorno. Como adultos, podemos recolocar las puntas. Volvemos a la infancia para investigar la doble cara de nuestra experiencia, para averiguar los aspectos que faltan.

### Las flores de datura – ❹

La datura pertenece a la familia de las solanáceas y es conocida como hierba de bruja. Puede ser un veneno o una medicina, dependiendo de la dosis y del conocimiento de la persona. Lo mismo podemos decir de nuestros orígenes espirituales.

### El vigilante con lanza/el caminante con bastón – ❺

El caminante subraya el aspecto del cambio; el vigilante, por su parte, subraya el de protección… pero también de control o de experiencias de la infancia. A veces no resulta fácil acceder a los viejos recuerdos.

### El guante blanco – ❻

**Elegancia. Prudencia, finura.** Y una persona que no quiere ensuciarse los dedos. Posiblemente un miedo a algunas verdades acerca de su propia niñez y sus orígenes.

# Seis de copas

*¿Qué hay que hacer para permitir que florezca nuestra vida espiritual? La carta lo deja claro: el adulto puede —y debe— volver a convertirse en niño. Y eso significa también resolver las malas experiencias de la infancia y recuperar la apertura y la alegría de los niños.*

*Una imagen de interacción con otras personas ¡y nuestra relación con nosotros mismos!*

### ■ Significado básico

Una doble cara: la mujercita aparta la mirada del enanito (la mancha amarilla es la cara, envuelta por la izquierda y por la derecha con un echarpe naranja y rojo). Y también le está mirando (ahora lo amarillo es el pelo; tiene la cara vuelta hacia la izquierda y el echarpe a la derecha). Ambos «puntos de vista» pertenecen a la imagen. La mayoría de la gente solo ve de forma espontánea una de las dos. Pero necesitamos ambas: poner límites y establecer contacto: ¡no y sí!

### ■ Experiencia espiritual

Enamorarse, terminar una terapia, ¡bañarse en la fuente de la juventud!

### ■ Como carta del día

Un lugar resguardado en el que la persona puede mostrar su vulnerabilidad. Atrévete a observar tus experiencias emocionales pero no te exijas demasiado a ti mismo.

### ■ Como prognosis/tendencia

Expandes los horizontes de tu entendimiento. Hoy en día tienes a tu alcance más alternativas que cuando eras niño.

### ■ En el amor y en las relaciones

¡Deshazte de los patrones de reacción infantiles y haz aquello que, como adulto, llevas mucho tiempo queriendo hacer!

### ■ En el éxito y en la felicidad

Aprovecha esta oportunidad que se te presenta para deshacerte de viejos miedos y cumplir deseos importantes.

# Los 10 símbolos más importantes

### La figura negra

Si miras atentamente podrás verte a ti mismo en la figura oscura, pero también en todas las formas que aparecen en las siete copas. Tu tarea consiste en distinguir entre los deseos que merecen la pena y los que no.

### La figura negra II

**Positivo**: asumir las sombras del pasado para poder alcanzar los objetivos. **Negativo**: tener la cabeza en las nubes para así poder ignorar el aquí y ahora; convertirse en una sombra de nuestro auténtico yo.

### El reino de nubes

Reconocer y declarar nuestros recursos personales. La otra cara de la moneda es la avaricia y la insatisfacción. El truco consiste en afirmar lo que es de uno y no negarse a uno mismo en favor de unos ideales ilusorios.

### La cabeza de pelo rizado – ❶

Un símbolo de belleza y de eterna juventud, una advertencia contra la vanidad y el narcisismo. Y la cabeza nos invita a afrontarnos a nosotros mismos y a aceptarnos como somos.

### Castillo/torre – ❷

**Castillo: positivo**: protección, hogar, seguridad; **negativo**: represión, aislamiento o arrogancia. **Torre: positivo**: un puesto de vigilancia, alerta; **negativo**: torre de marfil, desconexión de la realidad.

### Tesoro/joyas – ❸

**Riquezas interiores y exteriores.** Los auténticos valores, el brillo y la valía personal. **En un sentido negativo**: lucro sucio, dinero como compensación de la mediocridad, inseguridad en relación con el propio valor personal.

### Corona de laurel – ❹

La corona de laurel puede ser un signo de victoria o de muerte. Esta copa lleva también la imagen de una calavera (véanse también las cartas XXI–El Mundo y el Seis de bastos). Tarea: hacer que nuestra vida sea útil.

### El dragón – ❺

En las leyendas europeas, un monstruo temible (san Jorge, el asesino de dragones). En la tradición china, sin embargo, puede ser un portador de buena suerte. **Tú también posees poderes extraordinarios.**

### Serpiente – ❻

Patrones de conducta e instintos bajos, taimados; el que se arrastra por el polvo. Y también un símbolo de sabiduría, de transformación (muda la piel vieja) y de desarrollo superior (la serpiente con rayas hacia arriba).

### La figura velada – ❼

**El enigma y el misterio que residen en todas las personas.** Esta característica preciosa y fantástica ya es visible en ti pero solo dará fruto si buscas tu desarrollo personal.

# Siete de copas

*Se abren posibilidades fantásticas ante ti. Elige lo que quieras; desecha las sombras del pasado y coge lo que es tuyo. O en tu fértil imaginación vives en un país de maravillas mientras que en la vida real habitas en las sombras. ¡El deseo y la realidad son como la noche y el día!*

*¡Aquí nada es evidente!*

### ■ Significado básico
Todo tiene dos significados, como el castillo que representa el poder y la grandeza pero también el aislamiento y la soledad. Aquí se te invita a mirar detrás del decorado, a ordenar tus deseos y tus angustias con la cabeza fría, porque los deseos insatisfechos pueden llevarte por el mal camino exactamente igual que los que sí se satisfacen pero resultan ser ilusorios o meras supersticiones. La solución: evalúa tus experiencias, alcanza la madurez espiritual. Traza tus límites, logra tus objetivos, descubre lo que te hace bien.

### ■ Experiencia espiritual
Aprende a diferenciar, ¡no te pierdas en tu propia cortina de humo!

### ■ Como carta del día
Separa el trigo de la paja. Aprende a conocer mejor tus deseos y tus miedos.

### ■ Como prognosis/tendencia
*Qui vivra verra*: «aquel que viva, verá». La experiencia es la madre de la ciencia.

### ■ En el amor y en las relaciones
Investiga a fondo tus experiencias y sigue aquellos deseos que irradien la mayor energía.

### ■ En el éxito y en la felicidad
Tus deseos deben servirte a ti y a tu felicidad, y no al revés. El objetivo de cumplir los deseos es ser feliz y dejar de tener deseos…

# Los 10 símbolos más importantes

### La postura de la figura

¿Quién está aquí en camino? ¿Eres tú, es tu pareja, es un extraño? ¿Estás siguiendo tu flujo interior o te has dado la espalda a ti mismo y estás escapando de ti?

### La luna y el sol

El sol y la luna compiten por la maestría o se complementan entre sí. El sol suele representar la voluntad consciente. La luna representa lo que es propio, privado, aquello que está por debajo del nivel de consciencia.

### El río – ❶

El río puede considerarse de varias formas: puede dar la sensación de que la figura de la túnica roja está siguiendo la corriente, es decir, caminando hacia la desembocadura, o que lo hace hacia arriba, siguiendo el río hacia su nacimiento.

### La túnica roja – ❷

Descubrirás un camino si confías y sigues el poder del alma y la fuerza de tus deseos (luna y río) y procedes con fuerza de voluntad y pasión (el color rojo) y consciencia (el sol).

### La montaña – ❸

Las montañas pueden representar dificultades y bloqueos pero también experiencias cumbre y actuación a gran nivel. Un axioma psicológico: si quieres conseguir grandes cosas deberás seguir la corriente de tu energía espiritual.

### El desfiladero – ❹

Dominas los obstáculos y los afrontas cuando estás bajo presión, cuando, como el agua, sigues la configuración del terreno; dicho de otra forma, vas allí donde se encuentra la máxima energía y haces lo que esa energía te ayuda a hacer mejor.

### La boca/fuente

El camino al manantial te lleva de vuelta a tus raíces, una necesidad en todas las etapas de la vida. El camino hasta el nacimiento del río es tu llamada y tu destino, lo que has descubierto que es «apropiado» para tu vida.

### La vista de la espalda

**Positivo:** también tienes en cuenta la otra cara de la moneda, los pros y los contras de una persona, de una situación o incluso de ti mismo. **Negativo:** te machacas a ti mismo acerca de tus discapacidades (debilidades, minusvalías).

### El bastón – ❺

Recuerda las cartas IX–El Ermitaño, VII–El Carro y el caminante de la imagen del Seis de copas. Representa la confianza en nuestras propias fuerzas y la conciencia de nuestros puntos débiles.

### El hueco entre las copas – ❻

Las copas te colocan entre ellas. ¡Ya no tienes las copas en tu mano, sino que ellas te tienen a ti! Tus capacidades son insuficientes para gestionar conscientemente unos sentimientos tan poderosos.

# Ocho de copas

Sueños y visiones que no se ven inmediatamente conforman una parte valiosa de tus sentimientos. Déjalos que ayuden a tu consciencia y a tus poderes de discriminación a crecer. Empieza a buscar. Pero ten en cuenta la advertencia de esta carta acerca del tipo de inquietud que impulsa a avanzar demasiado rápido y deja atrás el objetivo (las copas).

¡Ve allí donde el corazón te lleve!

## ■ Significado básico

Una parábola del viaje de la vida: cada uno de nosotros lleva un río dentro de sí. Decimos que «todo fluye» pero a veces ese río interior no es más que un hilo de agua y, en ocasiones, una riada que lo inunda todo. Tu tarea consiste en abrir tu flujo interior y *ejercer influencia sobre él*. Esa es la mejor manera de abordar la obsesión y el entusiasmo excesivo y también el letargo y la soledad.

## ■ Experiencia espiritual

Entender el destino propio. Cuanto más cerca estés de tu «flujo», más fácil te resultará.

## ■ Como carta del día

«Los molinos de Dios muelen despacio pero muelen siempre muy fino». Esto quiere decir que la paciencia ayuda y que hay un momento para cada cosa.

## ■ Como prognosis/tendencia

Todo tiene su momento. Y todo es importante.

## ■ En el amor y las relaciones

Anima a tu pareja y a ti mismo a seguir cada uno su propio camino. ¡Es muy bueno para el amor!

## ■ En el éxito y en la felicidad

Sigue la corriente. ¡Seguir el flujo de la energía no solo requiere menos esfuerzo sino que permite alcanzar los mejores resultados!

# Los 10 símbolos más importantes

### La postura de la figura

En esta imagen puedes verte a ti mismo o a alguien que conoces. En algunos aspectos es muy abierta, en otros muy cerrada. Como observador, tú puedes ver el gran despliegue de copas pero ¿las ha visto la figura de la imagen?

### Sombrero rojo/medias rojas – ❶

La voluntad y la pasión, el amor o los celos encuentran su expresión en el color rojo. Vemos también el azul del alma y la espiritualidad y el amarillo que representa el sol y la luz, pero también la envidia.

### Las copas en la parte trasera

**Las riquezas espirituales** que indican las nueve copas están completamente fuera de la vista de la figura. Es posible que esta amplitud de sentimientos, necesidades y deseos se haga sentir en un nivel inconsciente, «a sus espaldas».

### Los brazos cruzados – ❷

**Positivo:** un signo de anticipación, preparación y paciencia (los antebrazos y las manos forman una figura de ocho horizontal).
**Negativo:** pereza, un mero observador que no se implica, que no ha «captado» lo que está sucediendo.

### Las piernas extendidas – ❸

La postura de los brazos y las piernas revela actitudes conscientes e inconscientes: las rodillas están abiertas. Esto es una señal de apertura, de exigencias y expectativas relacionadas con los impulsos y los instintos.

### La túnica blanca – ❹

El blanco representa los comienzos y la culminación, la ingenuidad y la falta de color, pero también la madurez y la sabiduría. Es igual que la palabra «sabiduría» y la luz blanca, símbolos ambos de logro y plenitud.

### Las copas en fila – ❺

**Positivo:** tienes capacidad para captar una entidad completa o una colección de cosas y mantienes el orden (redes, grupos más grandes, un abanico de necesidades).
**Negativo:** no te resulta fácil «salirte de la fila» de vez en cuando.

### Las copas algo elevadas I

**Es una cuestión de perspectiva:** uno puede considerar que el semicírculo de copas está **detrás** de la figura. También puede verse como si estuviera formando un arco **por encima** de la figura...

### Las copas algo elevadas II

... con lo que proporcionaría una introducción a las copas elevadas que encontramos en el Diez de copas. Su posición elevada simboliza **«el levantamiento/la elevación»** en todos los sentidos de la palabra levantar.

### Las copas algo elevadas III

**Levantar:** experiencias y sentimientos positivos y elevados. **Poner fin a algo**, por ejemplo, «levantar un asedio». Y, por último, elevar algo o a uno mismo a un nivel superior, es decir, abordar **con más éxito** las copas.

# Nueve de copas

*Ahora no tenemos solo una, dos o tres copas sino una gran colección de ellas; sentimientos, anhelos y creencias. Todo tu «núcleo» emocional queda a la vista. Tú estás en el centro del escenario rodeado por muchas fuentes. Sírvete de ellas.*

¡El guardián de una gran alma!

### ■ Significado básico

La esencia de esta carta es la consideración de las necesidades espirituales. Nota: la figura debe actuar para conseguirlo, debe darse la vuelta para ver lo que tiene detrás. El dominio del subconsciente está «a nuestra espalda». La figura debe conocer —y luego aceptar— cada una de sus copas. De este modo se liberarán sentimientos, anhelos y creencias y a partir de ese momento la carta representa que has/ha tenido en consideración las necesidades espirituales y los códigos de valores.

### ■ Experiencia espiritual

«Todo lo que se relaciona contigo es valioso si entras en posesión de ello» (Sheldon B. Kopp).

### ■ Como carta del día

Analiza bien lo que está sucediendo en tu interior. ¡No tienes por qué exhibirlo todo!

### ■ Como prognosis/tendencia

La satisfacción, el disfrute, la paz y la armonía salen de tu interior cuando te dices que sí a ti mismo.

### ■ En el amor y las relaciones

¡Esto no está relacionado solo con tus sentimientos! A veces nos limitamos a quedarnos ahí, atascados; en ocasiones no hacemos más que preocuparnos. ¡Déjalo que corra! Permanece fiel al amor. ¡Haced algo agradable juntos!

### ■ En el éxito y en la felicidad

Eres un niño afortunado: tienes confianza en ti mismo.

# Los 10 símbolos más importantes

**La postura de la figura**

A primera vista: tú con tu pareja, tus hijos y tu casa en el campo. Y luego: tus aspectos masculino y femenino. Tú como niño y como adulto. Perspectivas que se hacen realidad o a las que aspiras en vano.

**Rojo–amarillo–azul – ❶**

**Positivo:** sigues siendo fiel a tus objetivos, orígenes y motivaciones originales. **Negativo:** persigues unos fines bastante simples. No aprovechas de verdad las posibilidades más amplias que te ofrece la vida.

**La pareja/hombre y mujer – ❷**

Vida de casados, alianza, incluida la alianza entre los aspectos masculino y femenino de la persona. Por un lado, una imagen de totalidad. Por otro, no les vemos el rostro.

**Las dos parejas – ❸**

**Positivo:** interacción fructífera entre niños y adultos. Ser capaz, como adulto, de volver a ser niño. **Negativo:** los adultos no prestan atención a los niños. Las apariencias son más importantes que la realidad.

**El arcoíris**

Una muestra de la belleza de la creación, «los milagros cotidianos» y la creatividad personal. **Tarea:** aceptar el cielo y la tierra, los deseos y la realidad para entablar una relación productiva con el otro.

**Las copas en el arcoíris**

**Positivo:** las copas elevadas (véase «Las copas algo elevadas», p. 126). **Negativo:** emociones ampliadas. Nada a lo que puedas aferrarte. Una cubierta de cristal que forma un cierre hermético.

**La casa – ❹**

Un signo de hogar y un símbolo de identidad. La casa está a una cierta distancia, medio escondida. **Positivo:** una propiedad grande, satisfacción de un abanico amplio de necesidades. **Negativo:** situación poco clara, identidad oculta, falta de perfil.

**Campo – ❺**

Un símbolo de la naturaleza exterior e interior y de la cultura. Hace referencia a las necesidades espirituales y a los sentimientos. **Positivo:** necesidades y pasiones cultivadas. **Negativo:** falta de cultura, falsa modestia.

**Vista de espaldas**

**Negativo:** tienes una relación ambivalente contigo mismo. **Positivo:** pero posees inmensos poderes espirituales, necesidades y pasiones de las que no debes avergonzarte.

**El río – ❻**

Forma parte del paisaje. Hay que cultivar las pasiones y las emociones. Y también todas las posibles interpretaciones del río: véanse el Cinco de copas, el Ocho de copas, III–La Emperatriz, IV–El Emperador, etc.

# Diez de copas

*Hombre y mujer, padres e hijos, el hombre y su creación: el arcoíris simboliza la conexión con Dios, con la creación, la satisfacción de grandes deseos; un signo de creatividad y fantasía cultural. Todo lo que contiene la imagen —cada persona, el paisaje— muestra también partes de ti mismo.*

«Estoy en el cielo…».

### ■ Significado básico

Las creencias más elevadas, un poderoso campo de energía, para bien y para mal. Los rostros no están visibles. Las copas están flotando a gran distancia y forman una especie de escudo por encima de todo. Como advertencia: el peligro de perderse a uno mismo; intoxicación o esterilidad; romanticismo que se percibe en los gestos; un símbolo de «vamos a pretender». Solución: aceptación de todas las energías espirituales disponibles (copas) para poder trabajar con ellas. ¡Eleva tus deseos y tus miedos! La naturaleza y la cultura se muestran en la imagen como símbolos del «paisaje» espiritual de la persona, es decir, de sus pasiones cultivadas. La carta del cumplimiento de los sueños de toda la vida.

### ■ Experiencia espiritual

Días felices y vacaciones, boda, nudo amoroso.

### ■ Como carta del día

¿Te asustan las emociones poderosas y los sueños prometedores? ¿Eres cuidadoso? ¿Tienes una necesidad exagerada de armonía?

### ■ Como prognosis/tendencia

Te ayudará a organizar tus deseos y tus miedos. Son cuatro los pasos a dar…

### ■ En el amor y las relaciones

…cumple aquellos deseos que merezcan la pena, tira por la borda los que no te sirvan y…

### ■ En el éxito y en la felicidad

… toma también en serio los miedos justificados, adopta las medidas apropiadas y reconoce los miedos injustificados… y mándalos a paseo.

# Los 10 símbolos más importantes

### La postura de la figura

Una personalidad importante, una dama de la fabricación artesanal de espadas, de las armas del intelecto. **El espejo nos dice:** también lo somos nosotros y en ello nos convertiremos.

### La corona

Una dura corona de oro adorna su cabeza; al mismo tiempo es una corona de mariposas. **Falta de esfuerzo pero también resolución que puede llegar a ser implacable,** dos aspectos típicos del elemento aéreo de la mente.

### Las mariposas – ❶

Ligereza, pero **también** volubilidad. También: una metáfora del alma (el aliento de vida, la psique). Un símbolo de la metamorfosis de gusano a mariposa: **de una persona común y corriente a la consciencia y la vitalidad.**

### Cabeza de niño/sílfide/elfo – ❷

El niño interior, los sueños de la infancia, crecer para poder cumplirlos y asumir los miedos de la infancia; sin embargo, todo esto está en la roca gris del trono: quizá una indicación de represión y desconsideración.

### El hacha doble – ❸

Dos medias lunas (véase el mismo símbolo en el trono del Rey de espadas). Un signo de matriarcado, dinastías antiguas en las que la línea femenina era la que dominaba.

### Las pulseras – ❹

Signos decorativos. Señales de emancipación o vanidad. **Pero también:** esposas rotas.

### Trono gris – ❺

El color gris significa falta de prejuicio pero también de consciencia. ¿Es realmente consciente la reina de su trono? Tiene el viento a su espalda, las aguas fluyen detrás de ella… ¿pero sabe lo que la mueve?

### La cortina de nubes – ❻

**Positivo:** libertad, ingravidez, «en una nube», ligereza, a vista de pájaro. **Negativo:** con la cabeza en las nubes, lejanía, objetivos nebulosos.

### La cabeza por encima de las nubes

**Positivo:** conocimiento, espacio, ciudadana de dos mundos («con la cabeza en el cielo y los pies en la tierra»). **Negativo:** advertencia contra el excesivo distanciamiento, perder el contacto con la realidad.

### Un pájaro

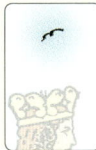
En contraste con todas las demás cartas de la corte de espadas en las que aparecen varios pájaros: **pensamientos elevados, amor, sabiduría, la capacidad de** focalizar las cosas, encontrar el denominador común.

# Reina de espadas

*Tú eres como esta reina. ¡Esta carta enfatiza tu dignidad real y tus atributos femeninos! Estás desarrollando un dominio mayestático sobre las fuerzas del aire. Necesitas todas tus habilidades como ser humano dotado de ideas nuevas, una buena imaginación y amor por la justicia.*

*Por encima de las nubes…*

### ■ Significado básico

La señora de los valores básicos y de los límites claros pero amorosos: ¿qué es lo importante en mi vida? ¿Para qué quiero vivir? Como sucede con todas las cartas de la corte, esta reina representa un ideal, el dominio perfecto del elemento en cuestión, en este caso, las espadas (aire, pensamientos, opiniones). Tú eres como esta reina… ¡o estás en camino de serlo! O quizá estás destinado a conocer a alguien que encarna a esta reina.

### ■ Experiencia espiritual

La ventaja y la dificultad de tener la opción, test de conciencia, elegir lo bueno, romper las cadenas.

### ■ Como carta del día

Sé claro en tus decisiones y tu conducta. Asegúrate de que tu punto de vista esté bien pensado y luego defiéndelo con ingenio agudo y compostura.

### ■ Como prognosis/tendencia

Una carta para reducir los miedos y para nuevas aperturas en el amor.

### ■ En el amor y en las relaciones

¡Intenta comprender lo que tu corazón desea! Adorna tu amor, tu deseo sexual y tu pasión con delicadeza y bondad de corazón.

### ■ En el éxito y en la felicidad

Sin un entusiasmo exagerado, sin enfado y sin intentar que los demás te reconozcan… ¡relájate y deja que tu talento para el trabajo cuidadoso se desenvuelva!

# Los 10 símbolos más importantes

### La postura de la figura

Este rey, señor de las espadas, está sentado frente a nosotros. Él es nuestro patrón y nuestro ideal en asuntos de soberanía y autoridad.

### La túnica azul claro

Es una expresión de la dimensión celestial, espiritual. Y del anhelo, de lo imprevisto, de la melancolía, de la parte más interior de la llama que arde con color azul.

### La espada inclinada – ❶

¿Es esta espada una simple extensión de su estado de ánimo y de sus anhelos? ¿O es más bien la representación del conocimiento y la sabiduría que nos proporciona esa facilidad alegre para gestionar los anhelos y las necesidades?

### Las mariposas – ❷

Ligereza, pero también volubilidad. También: una metáfora del alma (el aliento de vida, la psique). Un símbolo de la metamorfosis de gusano a mariposa: de una persona común y corriente a la consciencia y la vitalidad.

### La pareja, de personas o de elfos – ❸

Amor, felicidad y baile son los ingredientes del fondo. Sin embargo, están a espaldas del rey; quizá en su subconsciente.

### Las dos medias lunas – ❹

La noche, los sentimientos y los sueños en sus formas siempre cambiantes. Forman el respaldo, los motivos y los objetivos que hay que esclarecer con ayuda de la espada.

### La cabeza por encima de las nubes

**Positivo:** conocimiento, espacio, ciudadano de dos mundos («con la cabeza en el cielo y los pies en la tierra»). **Negativo:** advertencia contra el distanciamiento excesivo, perder el contacto con la realidad.

### El manto gris – ❺

Las ropas del rey son fundamentalmente de color azul claro y rojo. Sin embargo: el manto gris puede hacer desaparecer todo esto. El gris puede cubrir la alegría de vivir y la vivacidad. Pero también puede ser un signo de sagacidad e imparcialidad.

### El trono gris apuntando hacia el cielo

Las armas del intelecto nos permiten vivir una vida de consciencia. Es lo que demuestra el trono que construye un puente entre el cielo y la tierra, el deseo y la realidad, la teoría y la práctica.

### Dos pájaros – ❻

Ideas de altos vuelos, vista de pájaro, grandes planes. El número dos: hacer las paces con uno mismo y con los demás.

# Rey de espadas

*Tú eres como este rey. ¡Esta carta enfatiza tu dignidad real y tus atributos masculinos! Posees y estás desarrollando un dominio mayestático sobre las fuerzas aéreas de la vida. Necesitas ejercer tu potencial como ser humano dotado de sentido de la independencia, claridad de pensamiento y visión de futuro.*

Hacia lo desconocido…

### ■ Significado básico

El señor del conocimiento: «¿Qué sé de la vida/de mi pareja/de este momento?». Como sucede con todas las cartas de la corte, este rey representa un ideal, el dominio perfecto del elemento en cuestión, en este caso, las espadas (aire, palabras, pensamientos, opiniones). Tú eres como este rey… ¡o estás en camino de serlo! O quizá estás destinado a conocer a alguien que encarna a este rey.

### ■ Experiencia espiritual

La capacidad para captar interconexiones (complejas). Simplificar asuntos difíciles.

### ■ Como carta del día

Contribuye con la idea de vivir la vida juntos y en armonía.

### ■ Como prognosis/tendencia

Esta carta describe fuerzas mentales poderosas, energías en los reinos de la mente, conocimiento y consciencia que emanan de ti o que otros intentan aplicarte a ti.

### ■ En el amor y en las relaciones

Lo que realmente necesitas no se consigue con manipulación calculada ni escondiéndote detrás de una «inteligente» falta de compromiso. Atente a lo que de verdad de afecta.

### ■ En el éxito y en la felicidad

El éxito y el fracaso dependen de nuestra habilidad para cuestionar nuestros motivos y para vernos a nosotros mismos como nos ven los demás. Y también de hasta dónde somos capaces de comprender la opinión que tienen otras personas de sí mismas y de nosotros.

# Los 10 símbolos más importantes

### La postura de la figura

Una personalidad preeminente que cabalga hacia la izquierda (desde el punto de vista del observador) con la espada en alto, es decir, hacia el reino del subconsciente.

### La armadura – ❶

**Está bien equipado para los conflictos:** o está batallando contra el subconsciente, lo que le convertirá en un fanático, **o es un radical:** literalmente aquel que busca sus raíces y tiene prisa para encontrarlas.

### Caballo y jinete

El **caballo gris** te advierte contra la indiferencia hacia los instintos, el cuerpo y sus impulsos. O nos ayuda a adoptar una actitud de neutralidad consciente a la hora de discutir racionalmente sobre los instintos y los impulsos.

### Las mariposas – ❷

Ligereza, pero también volubilidad. **También:** una metáfora del alma (el aliento de vida, la psique). Un símbolo de la metamorfosis de gusano a mariposa: de una persona común y corriente a la consciencia y la vitalidad.

### Los pájaros rojos – ❸

**Positivo:** pensamientos apasionados, objetivos de altos vuelos. **Negativo:** advertencia contra el entusiasmo falso y un amor (rojo) que nos ciega o nos saca de nuestras casillas.

### Contra el viento – ❹

Este caballero está cargando contra el viento: desafía los poderes (viejos), crea su propio «aire fresco». **Positivo:** agilidad mental, el entusiasmo coge alas. **Negativo:** fanatismo, radicalismo.

### La espada es mayor que la imagen – ❺

La gran espada supera los límites de la imagen. **Positivo:** captamos cosas que están mucho más allá de nuestros horizontes. **Negativo:** no sabemos qué hemos dejado suelto (el «Aprendiz de Brujo»).

### Plumas rojas/tela roja

¡Rojo oscuro, emociones profundas, pasión elevada! **Positivo:** ¡un gran amor que supera un gran acuerdo! **Negativo:** nos advierte de que no debemos dejarnos llevar por emociones inconscientes.

### Un campo abierto (tierra, campo de labranza) – ❻

Aparece casi desnudo de vegetación: **una advertencia** contra la posibilidad de alejarse de la tierra. **Tarea:** honrar y rendir tributo a la creación utilizando la espada, el arma del intelecto (véase el As de espadas).

### Cinco pájaros

**Positivo:** la mente polifacética y quintaesencial. **Negativo:** falta de unidad, falta de coherencia.

# Caballero de espadas

*Tú eres como este caballero. Esta carta enfatiza tu soberanía ¡y tus atributos masculinos! Posees una forma holística y señorial de manejar las fuerzas aéreas de la vida y la estás desarrollando aún más. Necesitas toda tu determinación como ser humano dotado de mucha curiosidad y un intelecto agudo.*

*Más rápido que la sombra...*

### ■ Significado básico

El señor de la visión interior: «¿Qué hay detrás de todo? ¿Qué cosas nuevas hay? ¿Qué sucede al final?». Al igual que todas las cartas de la corte, este caballero representa un ideal, el dominio perfecto sobre el elemento en cuestión, en este caso las espadas (aire, palabras, pensamientos, opiniones). Tú eres como este caballero... ¡o estás en camino de serlo! O puede que estés destinado a conocer a alguien que encarna a este caballero.

### ■ Como carta del día

Objetivos que te «ponen en marcha» y te permiten concentrar tus poderes. De esa forma experimentas mucho y consigues el éxito.

### ■ Experiencia espiritual

La radicalidad de aquellos que aman de verdad.

### ■ Como prognosis/tendencia

No te escondes detrás de las normas convencionales para evitar hacer cosas. Eres consciente de tu potencial.

### ■ En el amor y en las relaciones

Lo que necesitas ahora es afirmar conscientemente más amor, humor y alegría. ¡Sencillamente más tiempo, más ideas, más visión para los anhelos de tu corazón!

### ■ En el éxito y en la felicidad

¿Podrías desprenderte de tus juicios de valor? ¿Podrías empezar a pensar de forma creativa? Atrévete a comprometerte (más) y a ser más persistente.

# Los 10 símbolos más importantes

### La postura de la figura

Hasta la sota domina por completo la espada, el arma de la mente. Una pierna está firmemente apoyada en el suelo, la otra es meramente circunstancial. Mira hacia el viento y se gira con él; lleva la espada hacia atrás o se apresta a golpear.

### Cielo/nubes

El cielo se está despejando y el viento está barriendo las nubes. Por eso la figura representa también «una bocanada de aire fresco» y la clarificación intelectual.

### Una pierna para sostenerse/la pierna libre – ❶

**Positivo:** alternancia entre juego y trabajo, entre tomarse las cosas a la ligera y perseverar. **Negativo:** indecisión, titubeo y coqueteo.

### La espada es mayor que la imagen – ❷

La gran espada supera los límites de la imagen. **Positivo:** captamos cosas que están mucho más allá de nuestros horizontes. **Negativo:** no sabemos qué hemos dejado suelto (el «Aprendiz de Brujo»).

### Botas rojas – ❸

**Negativo:** temeridad, fanatismo. **Positivo:** fuerza de voluntad, empuje, lo contrario a un fantasma sin sangre.

### Vestidura violeta – ❹

El violeta marca uno de los límites de la luz visible (está junto a la radiación ultravioleta, lo invisible). **Positivo:** espíritu de frontera. **Negativo:** falta de respeto, violación de límites.

### Paisaje amarillo y verde – ❺

**Verde:** crecimiento, naturaleza, naturalidad, frescura, esperanza, desarrollo gradual. **Amarillo:** búsqueda de significado, pero también envidia. Oro, pero también avaricia.

### Montañas azules

Un «paisaje espiritual»: todas las partes de la escena son necesarias: colinas, valles, cerca y lejos. Gracias a eso alcanza el éxito aquello que indican las montañas azules: el matrimonio entre el cielo y la tierra, aspiración y realidad.

### Bandada de pájaros – ❻

**Positivo:** tormenta de ideas, pensamiento creativo y polifacético. **Negativo:** idolatría, despiste, desviación, falta de foco.

### El cielo azul claro

**Los cielos** = el reino divino y el reino de la voluntad. **Azul claro** = cielo (despejado), agua (clara). **Positivo:** ligereza, alegría espiritual, una voluntad clara, una mente lúcida. **Negativo:** admirar excesivamente, hacer castillos en el aire.

# Sota de espadas

*Tú eres como esta sota. Esta carta enfatiza tu autonomía y también tu juventud y tus atributos juveniles. Tienes una forma experta e innovadora de gestionar las fuerzas aéreas de tu vida y la estás desarrollando aún más. Se necesitan todas tus facultades como ser humano dotado de espíritu y mente refinados.*

*¡Aférrate a lo que te aporta claridad!*

### ■ Significado básico
La aventura de las ideas y la visión interior: «¿Qué está sucediendo? ¿Cómo va? ¿Qué pienso de ello?». Al igual que todas las cartas de la corte, esta sota representa un ideal, el dominio perfecto sobre el elemento en cuestión, en este caso, las espadas (aire, palabras, pensamientos, opiniones). Tú eres como esta sota… ¡o estás en camino de serlo! O puede que estés destinado a conocer a alguien que encarna a esta sota.

### ■ Experiencia espiritual
Sorpréndete. Permanece alerta. Deja volar tus pensamientos más allá de tus limitaciones.

### ■ Como carta del día
Busca una visión panorámica de lo que está sucediendo, muestra iniciativa y presenta tus pensamientos y tus ideas al mundo.

### ■ Como prognosis/tendencia
Esta carta señala el camino a la innovación y al pensamiento no convencional y experimental. Y te advierte contra la credulidad y la ignorancia. ¡Adquieres el dominio de la espada!

### ■ En el amor y en las relaciones
Ama de todas las formas… Ten el valor de confiar en ti mismo: ¡hay más caminos y posibilidades de las que crees!

### ■ En el éxito y en la felicidad
El amor es una actitud. Pruébala en el trabajo y en casa; ¡de esa forma conseguirás muchas más cosas!

# Los 10 símbolos más importantes

### La carta como espejo

**Somos como la espada.** El intelecto agudo tiene doble filo. La humanidad y su nivel de consciencia pueden representar la corona de la creación pero todavía no representan la cumbre del progreso.

### La espada azul y blanca

El sentimiento y la inflexibilidad, la espiritualidad y el intelecto son los aspectos que rigen la espada. **Tarea:** reconocer y dominar su carácter doble. Prevenir los daños y sanar para restar importancia a las dificultades.

### La mano que emerge de la nube – ❶

La espada es un regalo para ti. Tú mismo eres un regalo, para ti y para el mundo. Acéptalo y aprovéchalo. Cógelo, manéjalo y deja que brille tu intelecto.

### Las seis gotas de oro – ❷

La chispa divina, la chispa de la consciencia; en un sentido religioso, el Espíritu Santo. El número 6 es también una referencia a la carta VI–Los Amantes: ¡la historia del Paraíso perdido y el Paraíso recuperado!

### El cielo gris

**Positivo:** neutral, objetivo, sosegado, sin prejuicios, equilibrado, justo. **Negativo:** pensamiento confuso, inconsciente, apático, inexpresivo.

### La corona de oro – ❸

Vemos una corona de cuatro puntas: con la punta de la espada hacen cinco, lo que simboliza la quintaesencia —el «quinto poder»—, ¡un espíritu que cura es la quintaesencia de las experiencias que hemos vivido!

### Las ramitas – ❹

**Negativo:** alienación y destrucción. La espada expolia la naturaleza. **Positivo:** elevación, coronación y celebración de la naturaleza a través del don de la consciencia. Respeto y aprecio por nuestros recursos naturales.

### Las montañas azul-violáceo – ❺

En este caso indican abstracción, una visión mental de conjunto. **Negativo:** la teoría es más importante que el bienestar práctico. **Positivo:** no es una persona de ideas fijas sino que está preparado para ver el otro lado.

### La cumbre – ❻

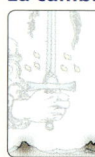

El borde entre el cielo y la tierra. El hogar simbólico de la humanidad como ciudadana de dos mundos. **Tarea:** aclara tus objetivos en la vida, decide conscientemente la cumbre que quieres alcanzar.

### Las alturas/atmósfera

«Hay más cosas en el cielo y en la tierra, Horacio, que las que se sueñan en tu filosofía». (William Shakespeare). Todos los ases nos recuerdan que es conveniente conocer este «mundo intermedio»… ¡y que podemos hacerlo!

# As de espadas

*Un regalo de la vida: la espada simboliza independencia mental, la agudeza intelectual, nuestras palabras, nuestros pensamientos y opiniones. Las espadas simbolizan la evolución humana en toda su extensión entre ser la corona de la creación y su mayor peligro.*

*¡Alabado sea aquello que nos hace fuertes y libres!*

### ■ Significado básico

Las espadas son las «armas del intelecto», las palabras, los pensamientos y las opiniones: aquí estamos hablando de actividad mental con reconocimiento, comprensión y aprendizaje; básicamente, de todo lo que nos hace la vida más fácil. Lo esencial es que las cosas estén claras o se aclaren. La idea clave es el «espíritu» porque, al contrario que el intelecto por sí solo, el espíritu es capaz de hallar el camino directo a la esencia de una persona o un asunto. El as proporciona una entrada elemental. ¡Es toda tuya!

### ■ Experiencia espiritual

Curar las heridas viejas con amor y consciencia.

### ■ Como carta del día

¡Levántate, yérguete y benefíciate de una nueva claridad!

### ■ Como prognosis/tendencia

Encontrarás una oportunidad para aclarar aquellos deseos y miedos que hasta ahora no estaban definidos y también para mejorar tu calidad de vida.

### ■ En el amor y en las relaciones

«El amor mira no con los ojos sino con la mente» (William Shakespeare). Una vida tolerante es aquella que se vive en y con amor consciente.

### ■ En el éxito y en la felicidad

Posees y necesitas una buena capacidad para pensar y conservar el poder. Los juegos mentales y el ejercicio físico son buenas formas de favorecer tus cualidades de caballero.

# Los 10 símbolos más importantes

### La postura de la figura

Erguida, con las piernas ligeramente separadas, los brazos cruzados por delante del pecho. La corriente fluye bien dentro del cuerpo de arriba abajo y viceversa. O la persona tiene un bloqueo desde el pecho hacia arriba.

### La venda de los ojos – ❶

El reino de la mente se extiende mucho más allá de lo que se puede ver físicamente. De hecho, solo empieza allí donde termina la vista física. **Negativo:** engañado, sin saber lo que está sucediendo. **Positivo:** actividad mental, falta de prejuicio.

### El alcance de las espadas – ❷

¡Piensa globalmente; actúa localmente! La incondicionalidad y la libertad de la mente deben permanecer en contacto con la condicionalidad, es decir, con las necesidades prácticas de la existencia. También: un amplio horizonte mental.

### Los brazos cruzados – ❸

El pecho alberga el corazón y —según una opinión muy extendida— el alma. **Positivo:** todos los pensamientos irradian desde aquí y regresan a cobijarse. **Negativo:** bloqueo, limitación.

### La mancha blanca sobre la frente – ❹

Una referencia al tercer ojo, a la visión interior más elevada que alcanzamos cuando somos capaces de soportar el equilibrio entre tierra y agua; sueño y realidad.

### El color gris de la figura

**Positivo:** neutral, objetivo, sereno, sin prejuicios, equilibrado, justo. **Negativo:** pensamiento confuso, inconsciencia, apatía, inexpresión.

### Amplia extensión de agua

Aguas interminables, el ciclo hidrológico, sentimientos que surgen. Todo está ahí; la cuestión es sencillamente si la figura de la imagen sabe lo que tiene a su espalda, es decir, si lo toma en cuenta de manera consciente.

### La media luna

Es muy conveniente darse la vuelta y ser consciente de lo que se tiene detrás porque, de lo contrario, la luna, con sus intuiciones pero también con sus cambios de ánimo, puede provocar confusión. También: «... interpreta ¡y luego vive tus sueños!».

### Las islas o rocas – ❺

Las islas de la consciencia en el océano del subconsciente (una imagen que sugirió Sigmund Freud). **También:** la habilidad para sacar conclusiones sobre lo que está oculto basándose en lo que es visible.

### La otra orilla – ❻

La tarea o habilidad de «ver el otro lado», es decir, de percibir lo desconocido y lo inconsciente en uno mismo y en los demás y de ser tolerante con la diferencia.

# Dos de espadas

*Las espadas —las armas del intelecto— están abiertas y sobrepasan el borde de la imagen. La luna y el agua representan los sentimientos, la espiritualidad y, en general, el auténtico aliento de vida. Sin embargo, esta parte del alma está a espaldas de la figura, quizá desconocida para ella, por debajo del nivel de la consciencia.*

«Solo se puede ver bien con el corazón» (A. de Saint-Exupéry).

### ■ Significado básico

La venda sobre los ojos nos advierte de que debemos captar un asunto y evitar los prejuicios. En un sentido positivo representa la imparcialidad y la preparación para ver las cosas con el ojo de la mente. Porque el reino de la mente y del espíritu empieza allí donde el ojo físico ya no es capaz de distinguir y en él es donde afrontas los asuntos más importantes.

### ■ Experiencia espiritual

Entre el día y el sueño… en una frontera entre el alma y el intelecto.

### ■ Como carta del día

No levantes una cortina de humo. Atrévete a explorar y a mirar dentro de ti, no te quedes en lo evidente.

### ■ Como prognosis/tendencia

No merece la pena jugar a la «gallinita ciega». La realidad no consiste solo en calles de un único sentido o en soluciones de usar y tirar.

### ■ En el amor y en las relaciones

Sacude el polvo a tu fantasía e intenta utilizar más tu imaginación. De esa forma conseguirás acabar con las «áreas grises» que existen en tu relación.

### ■ En el éxito y en la felicidad

Cuida la región limítrofe entre la consciencia y el subconsciente ¡y jamás te faltarán ideas nuevas y soluciones creativas!

# Los 10 símbolos más importantes

### No aparece ninguna figura

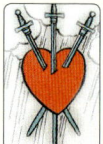
Pero sí se ve muy de cerca una parte del cuerpo humano. Lo que se muestra en III–La Emperatriz se repite aquí con las espadas: penetrar hasta lo esencial, unir el corazón con la mente.

### La carta como espejo I

El sombreado de la imagen podría representar la lluvia. La persona se siente herida, está sufriendo, la atmósfera es deprimente. «Llueve en mi corazón», dice la canción.

### La carta como espejo II

Sin embargo, el sombreado puede también indicar un espejo. Las nubes de niebla retroceden. ¡Al igual que cuando la flecha de Eros nos atraviesa el corazón, nos afecta pero nos sentimos ligeros y llenos de entusiasmo!

### Las proporciones

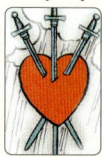
En comparación con el resto, el corazón que aparece en esta carta es grande y las espadas, bastante pequeñas. ¡Tienes un corazón grande! ¡Siéntete orgulloso de ello! ¡Defiéndete y no dejes que unos simples alfilerazos te afecten!

### El corazón – ❶

Toda nuestra herencia y todas nuestras posibilidades están en nuestra sangre. Son nuestro derecho natural; herencia y también asignación. Al igual que sucede con todos los demás sentimientos, las emociones del corazón no son automáticamente positivas.

### Las espadas – ❷

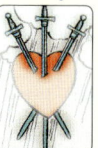
El propósito de las espadas es por tanto ayudarnos a organizar nuestros asuntos del corazón, a tomar las decisiones correctas y a dar nombre a las cosas; en resumen, a encontrar la perspectiva adecuada.

### La composición

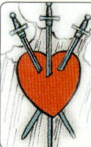
Juntos, las espadas y el corazón forman la «interfaz» que une el corazón con el intelecto. Desde un punto de vista psicológico, esto representa la base de la consciencia. **En la práctica, esto significa:** ¡ir al grano!

### Las nubes – ❸

Lluvia, niebla, incertidumbre. **Pero también:** ese estado de consciencia —la unión de corazón y mente— que nos permite deshacernos de las quimeras sin sentido y darnos cuenta de las visiones satisfactorias que realmente merecen la pena.

### El sombreado – ❹

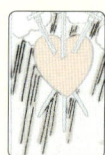
Por un lado, lluvia; por el otro, un espejo. La lluvia no es solo una señal de tristeza y aflicción. Desde épocas muy remotas también se ha considerado un vínculo entre el cielo y la tierra.

### El cielo gris

**Positivo:** neutral, objetivo, sosegado, sin prejuicios, equilibrado, justo. **Negativo:** pensamiento confuso, inconsciente, apático, inexpresivo.

# Tres de espadas

*Las tres espadas están clavadas en el corazón. ¿Qué otro significado podría tener esta imagen que no fuera dolor, pena, aflicción? Sin embargo, también conocemos la imagen de Eros y las flechas que dispara contra nuestro corazón. En general tenemos una actitud positiva hacia el dios del amor y sus hábitos: ¡parece que estar «heridos de amor» nos va bien!*

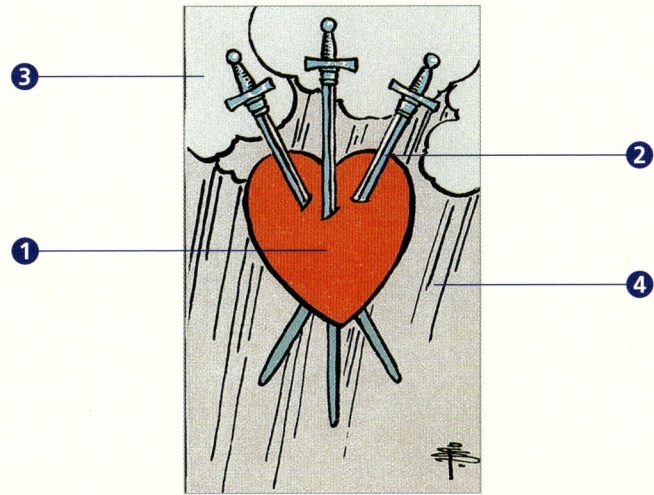

*La «interfaz»; el corazón se une con las armas del intelecto.*

### ■ Significado básico
Las esferas de la mente/intelecto (espadas) y del corazón se unen y se fusionan inseparablemente. El pensamiento consciente se abre camino hasta los recovecos del corazón. De ese modo, lo que era solo germinal, intuido de manera esquiva por el corazón, queda claro y las espadas lo llevan al plano consciente. ¡Comprendes lo que tu corazón está intentando decirte y lo que tienes que hacer con ello!

### ■ Experiencia espiritual
Entender lo que mantiene el mundo unido en los niveles más profundos.

### ■ Como carta del día
Iluminar tus recuerdos y expectativas. La participación lleva aparejada una recompensa.

### ■ Como prognosis/tendencia
No sometas a tu capacidad emocional a un esfuerzo excesivo. Las heridas se curan cuando se tratan correctamente.

### ■ En el amor y en las relaciones
Dale una oportunidad al amor; también al amor por la verdad y la honestidad.

### ■ En el éxito y en la felicidad
¡Atento en lugar de agobiado!

# Los 10 símbolos más importantes

### La postura de la figura

Parálisis, petrificación, falta de vida, sueño profundo, oración, memorial. **Pero por otra parte**: un viaje mental, paz, meditación profunda, concentración intensa, energía mental inspiradora, tensión elevada.

### La figura tumbada I – ❶

Sarcófago, veneración a un santo, martirio, muerte del héroe, crueldad humana, pensamientos equivocados. Cuidados intensivos, anestesia, faquir, Blancanieves después de morder la manzana envenenada. Choque, trauma. Bajo presión.

### La figura tumbada II

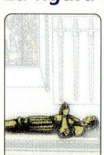
El diván del psiquiatra, el catre de un monje, una cura, la vida espiritual, alerta mental, descenso a los estratos más profundos de la consciencia. El cuerpo en descanso mientras la mente hace horas extras.

### La figura tumbada III

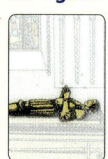
Sueño, vivir en un mundo de sueños; el sueño puede verse en la vidriera. Peligro de autoengaño. **Positivo**: imagen, imaginación: muchas experiencias forman la imagen completa. Sueño consciente y sueños.

### El color gris.

**Positivo**: neutral, objetivo, sosegado, sin prejuicios, equilibrado, justo. **Negativo**: pensamiento confuso, espejismo, herméticamente sellado. Inconsciente, apático, inexpresivo.

### El color amarillo

En esta imagen es amarillo sucio, amarillo con algo de negro. **Sol y sombra:** un estado de consciencia conectado con las profundidades. Pero también puede significar fiebre, problemas mentales, falta de claridad.

### La disposición de las espadas – ❷

**Positivo**: pensamientos y conocimientos bien estructurados. Las experiencias se trabajan a fondo. Pensamiento concentrado, imparcial, abstracto. **Negativo**: pensamientos que no se han entendido, armas de la mente inutilizadas.

### El mosaico/rompecabezas – ❸

**Positivo**: trabajar las experiencias y ponerlas en perspectiva. Resolver los rompecabezas (en la vida). Reconocer patrones. Conocimiento detallado. **Negativo**: recuerdos fragmentados, suposiciones, fantasías de la imaginación.

### La ventana – ❹

Los contrastes (y su superación) entre los asuntos internos y los externos, el mundo abstracto y la vida cotidiana, los ideales perfectos y la realidad limitada. **Positivo**: visión interior y entendimiento. **Negativo**: el mundo se queda «afuera».

### La palabra «PAX» – ❺

En latín significa «paz». **Positivo**: contento, tranquilidad mental, logro mental. Satisfacción profunda. Felicidad. Conciencia tranquila. **Negativo**: miedo a los conflictos, retirada, huida a un mundo de fantasía.

## Cuatro de espadas

*Una imagen de inmensa concentración mental y conciencia clara y tranquila. O de rigidez, pensamientos paralizantes, embotamiento. La mente humana funciona igual que la respiración: está tranquila y relajada cuando se le permite avanzar a su propio ritmo sin molestarla.*

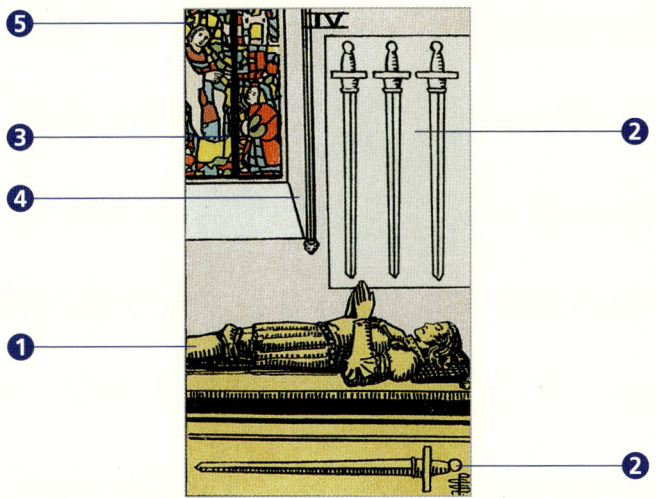

*Fosilizado... de piedra... sueño profundo... meditación...*

### ■ Significado básico
Existe el peligro de que la «vida real» y las elucubraciones mentales se separen: algo está congelado, la energía de la actividad física o mental. Desde un punto de vista positivo, la mente accede a niveles más profundos; al fin encuentra la paz y el silencio que necesita para trabajar. Eso le permite digerir las experiencias y seguir el hilo de sus pensamientos hasta su conclusión, unir los fragmentos para formar un todo coherente (vidriera) y resolver los misterios. La palabra «PAX» —paz— puede verse en la ventana.

### ■ Experiencia espiritual
Satisfacción, relajación profunda, sueño lúcido, viaje mental o espiritual...

### ■ Como carta del día
¡Permítete a ti mismo un poco de paz y silencio! Utiliza el potencial de tu mente, activa recursos mentales no utilizados. ¡Tienes un buen surtido de cosas que hacer!

### ■ Como prognosis/tendencia
Tener en cuenta los sentimientos y necesidades de forma consciente es siempre el factor decisivo.

### ■ En el amor y en las relaciones
Date la oportunidad de calmarte desechando la envidia, los celos y el exceso de entusiasmo.

### ■ En el éxito y en la felicidad
Deja que tu mente trabaje en todas direcciones. ¡Lo que ocupa tu atención contiene algunas ideas brillantes!

# Los 10 símbolos más importantes

### La postura de las figuras

Grande, mediano, diminuto; podría marcar las etapas de un desarrollo muy personal. Igualmente podría ser una escena que muestra un encuentro o enfrentamiento con otras personas.

### La mirada hacia atrás – ❶

La figura grande echa la vista atrás para mirar a las otras dos: **Negativo:** arrogancia, mezquindad, desear el mal a los demás. **Positivo:** cariño, participación, consideración, satisfacción por el crecimiento de uno mismo.

### Las tres figuras I – ❷

Un desarrollo en tres etapas, de pequeño a grande: un comienzo difícil; los problemas parecen inundarnos, uno se siente muy pequeño sin el apoyo de las espadas; la cabeza enterrada en las manos...

### Las tres figuras II – ❸

... y luego una etapa más madura, otra perspectiva. La figura mayor puede cuidar de sí misma (con las Tres espadas); al mirar hacia atrás comprende cómo surgieron los problemas anteriores y cómo evitarlos en el futuro.

### Las tres figuras III – ❹

**La historia de las tres figuras puede contarse también al revés:** de mayor a menor, vuelta a las raíces, a la fuente, regreso, recapitulación, la búsqueda del manantial de vida.

### Al borde del agua

El vínculo entre el intelecto y los sentimientos (aire y agua). **Negativo:** los malos sentimientos se combaten con ayuda de las espadas. **Positivo:** los problemas se resuelven y las necesidades se satisfacen utilizando las armas del intelecto.

### Las nubes

**Positivo:** las nubes grises se están dispersando, el cielo se está despejando. Una brisa fresca, aire limpio.  **Negativo:** el cielo azul está desapareciendo tras las nubes: objetivos mentales falsos o confusos. El aire está cargado de discordia.

### Tres espadas y dos más – ❺

**Negativo:** esfuerzos mentales incompletos; algunas de las armas del intelecto no se han utilizado; medias verdades. **Positivo:** las dudas pueden superarse (dos espadas), la persona trabaja con la información de que dispone (tres espadas).

### Los colores rojo y verde

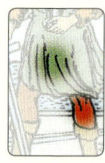
Sangre de vida y naturaleza/crecimiento/madurez. **Negativo:** exceso de entusiasmo, envidia, disfrutar de forma maliciosa con el infortunio de los demás, inmadurez. **Positivo:** voluntad y potencial de crecimiento, aprendizaje y alegría en el progreso y en el desarrollo.

### Las islas/la costa – ❻

**Negativo:** conocimiento irregular, islas de consciencia en un mar de ignorancia. **Positivo:** una orilla opuesta, ver el otro lado, el otro punto de vista, superar las dificultades.

# Cinco de espadas

*La figura grande de la imagen prevalece sobre las otras dos más pequeñas: esto puede ser justo, apropiado, o el resultado de la injusticia y la falta de escrúpulos. La imagen puede estar mostrando también tres etapas de desarrollo. Al mirar hacia atrás se pueden entender las causas de las dificultades anteriores y se impide que se repitan.*

*La quintaesencia de las espadas: ¡aprender de la experiencia!*

### ■ Significado básico

Desde un punto de vista positivo, la imagen retrata un proceso de crecimiento y sanación: al principio estabas prácticamente «nadando» y desconocías el apoyo que podían darte las espadas (a tu espalda): tenías la cabeza hundida entre las manos. Luego creciste en conocimiento y experiencia. Hoy eres más grande que nunca: ahora tienes a tu disposición todas las espadas y estás contento porque conoces la sabiduría que atesoras. Al echar la vista atrás sabes que puedes deshacerte de las dudas y debilidades de ayer.

### ■ Experiencia espiritual

Desechar hábitos y el impulso inconsciente de revivir emociones pasadas.

### ■ Como carta del día

Analiza tanto el triunfo como el desastre e intenta ver su significado más profundo. Utiliza las armas del intelecto como medio de sanación.

### ■ Como prognosis/tendencia

Nunca es demasiado tarde —y rara vez demasiado pronto— para trabajar las emociones y aprender de ellas. Aprenderás muchísimo.

### ■ En el amor y en las relaciones

No permitas que las dificultades te echen abajo. Defiende la claridad y la rectitud.

### ■ En el éxito y en la felicidad

Deja que tu sabiduría dé su fruto. Observa las dos espadas que están en el suelo: ten cuidado con (hacer) promesas vacías y suposiciones sin fundamento.

# Los 10 símbolos más importantes

### La postura de las figuras

Tres personas «todas en el mismo barco» que personifican el esfuerzo, la devoción y la no injerencia. El barco es (también) una metáfora muy común del control ejercido por la mente consciente sobre las aguas del subconsciente.

### El barquero

**Positivo:** el mediador entre los mundos (como el barquero que aparece en *Siddharta*, de Hermann Hesse). **Negativo:** falta de redención, inquietud, carencia de hogar (como el barquero del cuento de los hermanos Grimm «El demonio con tres pelos de oro»).

### La figura I – ❶

Tu aspecto masculino, la parte activa, el acto consciente. **Peligro:** ser un sabelotodo, tomar decisiones por otras personas. Obsesión por controlar. **Positivo:** asumir la responsabilidad, no ser fatalista, estar preparado para darlo todo.

### La figura II – ❷

Tu aspecto femenino, la parte pasiva, dedicación consciente. **Peligro:** indecisión, sentimiento de inferioridad, dejar que otros decidan. **Positivo:** estar abierto al desarrollo de las cosas, paciencia.

### La figura III – ❸

Tu aspecto infantil, la decisión inconsciente; lo que te sucede. **Peligro:** dependencia, falta de confianza en uno mismo, sorpresas desagradables. **Positivo:** curiosidad, apertura a nuevas experiencias, capacidad de asombro.

### La vara negra – ❹

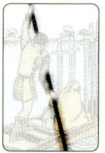
Avanzar manteniéndose «sobre el terreno» (vuelta a los comienzos). **Positivo:** llegar al fondo de las cosas, exhaustividad. **Negativo:** negro = lo desconocido: los motivos y las razones permanecen ocultos: tu punto ciego.

### Las seis espadas – ❺

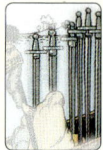
**Negativo:** se arrastran los viejos prejuicios a todas las situaciones nuevas: el lastre mental oscurece la vista. **Positivo:** las armas del intelecto como aguja imantada de una brújula, experiencia consciente, coherencia en el cambio.

### La vista de espaldas

**Negativo:** darse la espalda a uno mismo, una calle mental de una sola dirección. **Positivo:** la percepción consciente de la otra cara de la moneda desde el punto de vista del observador, investigación de los motivos inconscientes.

### Dos aguas diferentes – ❻

Aguas en movimiento y aguas quietas: lo viejo y lo nuevo, la tarea de provocar conscientemente el cambio y la transición de la forma.

### Los colores azul y gris

**Positivo:** neutralidad, imparcialidad, falta de prejuicio, serenidad, voluntad y mente clara. **Negativo:** falta de consciencia, apatía, pensamiento confuso, aferrarse a los viejos juicios, repetición, necesidad de aire fresco.

# SEIS DE ESPADAS

*A primera vista vemos un viaje de A a B. También la fuerza y la misión del intelecto para formar un vínculo entre mundos, para permanecer alerta e intentar estar a la altura de lo que está sucediendo. Literalmente la palabra traducir significa «trasladar de un lado a otro», es decir, «transportar» el significado de un idioma a otro.*

*El destino del barquero.*

### ■ Significado básico

Unir mundos, tolerar lo que nos resulta extraño (y el hombre/mujer y el niño en uno mismo). La vara negra es un símbolo decisivo: la barca se mueve solo cuando la pértiga toca el fondo. En el lenguaje del Tarot: el éxito viene cuando mantenemos el contacto con los fundamentos (de lo contrario, la carga de espadas es solo un lastre que se transporta de un sitio a otro). Cuando conocemos nuestros motivos y objetivos básicos, los contactos con los demás se enriquecen y recibimos una gran ayuda para la navegación (las espadas en la proa).

### ■ Experiencia espiritual

Experiencias fundamentales como el amor, la muerte, la abundancia o la escasez.

### ■ Como carta del día

Intenta «llegar al fondo» de las diferencias de opinión. Asegúrate de que «transportas» aquello que es importante para ti.

### ■ Como prognosis/tendencia

«Cuando sabes lo que estás haciendo, puedes hacer lo que quieras» (Moshé Feldenkrais). La promesa de la imagen es una consciencia alegre y…

### ■ En el amor y en las relaciones

… el conocimiento de que «sigues la corriente», que sientes la corriente dentro de ti y entre otros y tú y…

### ■ En el éxito y en la felicidad

… aprender a hacer un mapa de tu viaje por el río del tiempo y los acontecimientos.

# Los 10 símbolos más importantes

### La postura de la figura

La extraña postura de la figura supone al mismo tiempo un acertijo y una respuesta: correr hacia adelante y mirar hacia atrás. Con movimientos cuidadosos que quizá van dando vueltas en círculo.

### Cinco espadas y dos más – ❶

Actúas según/con aquello que puedes comprender. **Negativo**: te dejas atrás algo importante (dos espadas) que te pertenece. **Positivo**: dejas las dudas (las dos espadas) tras de ti.

### La postura de la figura I – ❷

**Correr hacia adelante y mirar hacia atrás**: un signo de conflicto interior, el inconsciente, falta de fiabilidad; «pusiste el intermitente a la izquierda y giraste a la derecha». Una contradicción en persona, un enigma viviente.

### La postura de la figura II

Una imagen de la vida consciente tal y como se expresa en la cita de Kierkegaard que aparece en la siguiente página. Significa la decisión consciente en el sendero de nuestra vida (el Arcano Mayor VII–El Carro en las espadas).

### De puntillas – ❸

Lo estupendo es desarrollar una forma de hacer las cosas con cuidado, sin correr. La forma de caminar de la figura —de puntillas— muestra esta consciencia. La imagen es también una advertencia contra el sigilo y las sorpresas que vienen con paso delicado.

### Las tiendas de campaña – ❹

**Negativo**: inquietud, carencia de hogar, vida nómada, siempre en camino y nunca en casa. **Positivo**: la vida sigue, paz y continuidad en el contexto del cambio, sentirse en casa allá donde se esté.

### El grupo de personas – ❺

**Negativo**: la figura principal mira hacia abajo (¿con condescendencia?) hacia sus compañeros. **Positivo**: tener claro nuestro papel o tarea. Pasamos mucho tiempo discutiendo con otras personas porque carecemos del valor necesario para vivir nuestros sueños.

### Zapatos rojos/sombrero rojo – ❻

El rojo simboliza la voluntad, la pasión, la sangre de vida. **Negativo**: testarudo de pies a cabeza, estados de ánimo que se suben a la cabeza y se bajan a los pies. **Positivo**: un asunto del corazón, un deseo del corazón que la persona persigue con fuerza de voluntad y ardor.

### Amarillo

Sol brillante pero también envidia y búsqueda de significado. **Peligro**: acercarse demasiado al sol puede provocar una caída (a la obsesión o al engaño). **Positivo**: iluminación también del lado opuesto = consciencia fuerte, fiable.

### Color arena/terroso

Con los pies en la tierra, material, sustancia. El conocimiento consciente sabe cuáles son sus fundamentos naturales: la existencia inconsciente avanza a ciegas.

# Siete de espadas

La figura de la imagen está corriendo hacia adelante y mirando hacia atrás. O bien su vista —su conducta— está «desplazada» o, por el contrario, la imagen expresa un aforismo indiscutible e importante: «La persona tiene que vivir la vida hacia adelante pero solo puede entenderla hacia atrás» (Sören Kierkegaard).

*Contradicciones estimulantes.*

### ■ Significado básico

La carta de la vida consciente, de la autoexperiencia espiritual, a veces de perderse uno mismo en los misterios de su propia vida. Las tiendas de campaña representan la vida móvil. Son una advertencia contra una vida demasiado «nómada» (siempre en camino y nunca en casa). Nos animan a ser flexibles (a sentirnos en casa allá donde estemos), a aceptar el cambio y el progreso.

### ■ Experiencia espiritual

Dejar atrás las dudas acerca de uno mismo y los viejos patrones de conducta... comprender el sentido de nuestros acertijos personales... ¡encontrar una solución importante!

### ■ Como carta del día

Así es como lo llevamos haciendo desde hace veinte años. Es posible, pero a lo mejor llevas haciéndolo mal desde hace veinte años.

### ■ Como prognosis/tendencia

La figura se lleva cinco espadas. La quintaesencia de las espadas: dedica tiempo a aprender, sana las heridas viejas con soluciones nuevas. Quedan atrás dos espadas: dudas o «sobras».

### ■ En el amor y en las relaciones

Permítete a ti mismo —y a los demás— hacer algo irracional, sin sentido, loco.

### ■ En el éxito y en la felicidad

Ten el valor de perseguir tus sueños y la fuerza para afrontar los misterios sin resolver que hay en tu vida.

# Los 10 símbolos más importantes

### La postura de la figura

¿Atado u obligado? Estás rodeado por las armas del intelecto. O más allá de lo que parece y más allá de lo que podemos comprender empieza el reino de la consecuencia personal.

### La venda sobre los ojos – ❶

**Negativo:** incapaz de ver lo que está sucediendo, área gris, capaz de ver solo un punto de vista. **Positivo:** justicia, falta de prejuicio, imparcialidad, no dejarse engañar por las apariencias. Conexión entre los dos hemisferios del cerebro.

### Ligaduras alrededor de los brazos y las piernas – ❷

**Negativo:** vergüenza, inmovilidad, no se pueden coger las cosas, rigidez, no tocar, no agacharse. **Positivo:** resuelto, sin aferrarse, desechando los viejos hábitos, refuerzo del centro.

### Ligaduras alrededor de la cabeza y las manos – ❸

Vínculo entre el pensamiento y los actos, entre la cabeza y el cuerpo o sentimientos viscerales. **Negativo:** esclavitud. **Positivo:** lealtad vinculante/actitud servicial; obligación. **También:** un tiempo de retirarse dentro de uno mismo, de echar las persianas.

### La montaña – ❹

Dejar atrás conscientemente aporta a la voluntad interior conocimiento y espacio para desenvolverse. A aquel que sondea sus propias profundidades le resulta más fácil subir luego muy alto. Dificultades… y su superación.

### El castillo – ❺

**Negativo:** apartarse uno mismo, encarcelamiento, aislamiento. Cerrarse al resto del mundo. **También:** fijación materna. **Positivo:** protección, independencia, seguridad, identidad fuerte. Cuidar de uno mismo. Encontrar seguridad dentro de uno mismo.

### Agua y tierra

**Negativo:** sentimientos atrofiados. También: barro, lodo, «ciénaga» de necesidades inconscientes. **Positivo:** toda la vida surge del agua, la tierra y el sol. Interacción consciente con nuestros propios fundamentos y objetivos.

### Las espadas en círculo – ❻

Posees las espadas y el poder de liberarte de las ataduras que no deseas. Y: ¡las armas del intelecto son tu fortaleza, te ofrecen seguridad y protección en tu vida!

### Las vestiduras

El rojo simboliza la sangre de vida y la voluntad. El beis es el color del cuerpo. Las necesidades del cuerpo y la voluntad están reprimidas, controladas, cautivas por las espadas; o, por el contrario, fortalecidas, cuentan con un apoyo de confianza.

### El cielo gris

**Positivo:** neutral, objetivo, sosegado, consciente (y sumamente centrado). **Negativo:** atmósfera desagradable, tomar partido, pendenciero. O inconsciente, sin voluntad de participar, inexpresivo (y apático).

# Ocho de espadas

*Cuando te sientes atado, atrapado por las cosas, adquirir conciencia de ello supone un paso positivo. Las espadas te proporcionan el medio para cortar las ataduras. Por otra parte, esta carta indica también tiempos de reflexión, tiempos de tejer un capullo y dejar que algo nuevo se desarrolle y salga.*

*Deshazte de ataduras y obligaciones.*

### ■ Significado básico

Esta carta representa las ataduras; las obligaciones, el lazo que existe entre pensar y hacer: hacer lo que se dice y sin duda hacer lo que se piensa. A ese respecto, expresión de una cierta consecuencia: «Hay pensamientos que no se pueden comprender sin cambiar de vida» (Werner Sprenger). Y no podrás cambiar algunas cosas en tu vida si no has comprendido tus pensamientos. Pensar es un proceso que se caracteriza por la forma en que trasciende las cosas materiales y lo que parece existir.

### ■ Experiencia espiritual

La aceptación de los límites personales; ¡acabar con las restricciones espirituales!

### ■ Como carta del día

En tu situación presente, ni aquello que parece ser, ni tu conducta habitual ni una voluntad instintiva van a permitirte seguir avanzando.

### ■ Como prognosis/tendencia

Las convicciones inapropiadas son cadenas que aprisionan; las apropiadas pueden liberar y fortalecer.

### ■ En el amor y en las relaciones

Alejarse de una forma de estar «con la cabeza en las nubes» y de las inhibiciones infantiles.

### ■ En el éxito y en la felicidad

Confía en tu propia lógica, desecha las obligaciones que te impiden seguir tu camino, ¡sé coherente contigo mismo y con los demás!

## Los 10 símbolos más importantes

### La postura de la figura

Una escena que muestra un despertar repentino o un choque, oscuridad o iluminación. Hay un método para entrenar los ojos («¡tira esas gafas!») que empieza exactamente con lo que está haciendo la figura; se denomina palmeo.

### Está oscureciendo

Las sombras negras representan todo lo que se desconoce, ya sea porque se ha reprimido y olvidado o porque supera nuestra capacidad de comprensión, un territorio completamente nuevo, tareas o experiencias inesperadas.

### Amanece

Estaba oscuro. Y en la oscuridad aparece una luz; de hecho, nueve «proyectores de luz», destellos mentales de inspiración, las espadas como «armas del intelecto». Tómate tu tiempo, pero asegúrate de que te acostumbras a las nuevas percepciones.

### Las manos delante de la cara I – ❶

Acostúmbrate a las nuevas percepciones y conocimientos. Tómate todo el tiempo que necesites. Relájate (en el proceso del palmeo que mencionamos anteriormente, las cosas parecen más negras cuanto más nos relajamos).

### Las manos delante de la cara II

Y si la postura ha sido provocada por algo que da miedo, tómate también tu tiempo. Todo un horizonte mental aparece ahora bajo una nueva luz. No cierres los ojos ante él; eso no te va a ayudar en este caso.

### La pareja de gemelos – ❷

**Negativo:** discordia interior, beligerancia, terquedad, no estar preparado para ver el otro lado. **Positivo:** hacer las paces con el conflicto interior, estar preparado para aprender y para cambiar nuestra naturaleza intrínseca.

### La colcha I – ❸

Las rosas representan la belleza y la autenticidad del ser interior, lo que realmente mueve tu corazón y lo que desearía fructificar dentro de ti. Aquí puedes encontrar tu punto de partida y tu punto de retorno.

### La colcha II

El conjunto de signos del Zodíaco y de símbolos planetarios no tiene un significado astrológico especial. Lo que debemos considerar aquí es un cosmos entero, un ciclo completo, un todo integrado.

### Las espadas como barras – ❹

No estamos manejando pensamientos aislados; aquí está implicado un patrón completo. Todo el horizonte mental se oscurece. Una red de percepciones completamente nueva pasa a primer plano.

### El contraste de colores: negro y blanco-azul

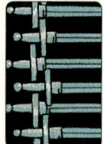

El libro del Génesis cuenta que Dios utilizó uno de los días de la Creación para dividir el caos original en blanco y negro. ¡También nosotros somos creadores cuando conseguimos separar el negro del blanco!

# Nueve de espadas

*En mitad de la noche te despiertas sobresaltado, pesadillas, pensamientos sin digerir: ¡levántate y averigua lo que puedes hacer! Está oscuro y aparecen muchas luces: destellos mentales, nueve espadas: una gama completa de conocimientos y percepciones nuevas: ¡acostúmbrate a ellos con cuidado!*

Un choque o un despertar iluminador...

### ■ Significado básico

Los horizontes viejos oscurecen; los nuevos, iluminan. Frescos pastizales en la mente. Busca y encuentra palabras que describan impresiones que hasta ahora te habían dejado sin palabras. Profundiza en tus pensamientos más de lo que lo habías hecho hasta ahora. Adquiere consciencia de aquellos acontecimientos que todavía están sin procesar. Distinguir entre el día y la noche, definir el negro y el blanco, es un inmenso acto de creación cuando con ello se consigue dominar el caos. Sin embargo, es una pesadilla cuando significa solo que el prejuicio queda bien consolidado.

### ■ Experiencia espiritual

Despertar, experiencia de la divinidad, pensar más allá de los propios horizontes de la persona.

### ■ Como carta del día

Fortalece tu sentido de responsabilidad, tu paciencia y tu confianza. No dejes que los bloqueos o dificultades temporales te descorazonen excesivamente.

### ■ Como prognosis/tendencia

«Aquel que ha comprendido su situación no puede ser fácilmente refrenado» (Bertold Brecht).

### ■ En el amor y en las relaciones

Mira las rosas de la imagen. Tu alma ha sido hecha para florecer y crecer. Hay muchísimas personas esperando recibir tu amor y que desean darte el suyo.

### ■ En el éxito y en la felicidad

¡Suma dos más dos! Analiza a fondo las contradicciones que te rodean.

# Los 10 símbolos más importantes

### La postura de la figura

Una advertencia contra el sacrificio y la destrucción. Un incentivo para la devoción y el amor. La totalidad de las espadas —los talentos mentales— no muestra a un filósofo en su trono sino el triunfo sobre los ídolos y los modelos.

### La tela roja I – ❶

El aspecto negativo de esta carta no está relacionado con la muerte (un tema que se trata en la carta XIII–La Muerte) sino más bien con aferrarse a juicios e ilusiones anteriores, aunque acaben en desastre.

### La tela roja II

La tela roja representa el flujo de la sangre de vida en una persona y también la que pasa de generación en generación. **Negativo:** aferrarse con obstinación a las viejas teorías. **Positivo:** ¡extraer conclusiones nuevas de las experiencias viejas!

### Un nuevo horizonte – ❷

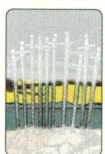

Tanto desde un punto de vista positivo como desde otro negativo, los métodos empleados hasta ahora no nos permiten seguir avanzando. Los frutos del conocimiento son decisiones nuevas que abren oportunidades nuevas para el amor y la consciencia.

### El cielo I

El contraste marcado entre el negro y el amarillo indica grandes problemas o tensiones que están esperando a ser abordadas o que acaban de serlo. Vas a cambiar de perspectiva —la tormenta se está gestando– o acabas de hacerlo.

### El cielo II

**Ocaso:** el negro (algo reprimido o desconocido) se hace visible. **Amanecer:** un nuevo sol, un nuevo día. Cada una de estas imágenes puede verse de una forma positiva o negativa.

### Las diez espadas – ❸

Las semillas del intelecto están brotando. Los falsos pensamientos significan jaque mate. Los pensamientos buenos, que funcionan, iluminan la oscuridad. Nos permiten seguir avanzando por nuestro camino cuando todos nuestros ideales han fracasado.

### Clavado – ❹

**A menudo las armas del intelecto nos dejan clavados.** Solo cuando nuestros pensamientos se manifiestan en carne y hueso consiguen escapar de la esfera de la teoría. No hay nada como someter a las cosas a una prueba práctica…

### El signo de bendición – ❺

(Véanse las cartas V–El Sumo Sacerdote, Seis de oros). **Negativo:** mal utilizados, los poderes mentales o espirituales, incluso una bendición divina, pueden ser muy destructivos. **Positivo:** esta es una carta de bendición especialmente potente.

### Al borde del agua

**«Junto al río».** En épocas de desastre o colapso necesitamos el «agua de la vida». ¡Los poderes espirituales y la espiritualidad son como la fuente de la juventud cuando les damos la oportunidad de fluir!

# Diez de espadas

*Considera las cartas de espadas de números altos como un proceso de transformación desde la oruga a la mariposa: en el ocho de espadas, la oruga teje su capullo. El nueve de espadas muestra el proceso de alcanzar la madurez en reclusión; y el diez de espadas simboliza el lanzamiento con éxito a una nueva dimensión.*

*Empieza la cuenta...*

### ■ Significado básico
Una escena en la que la semilla de la mente consigue fructificar, para bien o para mal. En un sentido negativo, las espadas como armas del intelecto representan siempre la mente destructiva, la separación de la naturaleza. Este aspecto pernicioso de las espadas culmina en esta carta. El aspecto positivo: como cima del conocimiento, la carta no retrata a un hombre sabio ni a un gurú o a un dirigente filósofo en su trono. Por el contrario, la imagen proclama *el fin de todos los ídolos y de la idolatría*.

### ■ Experiencia espiritual
«Es como es, dice el Amor» (Erich Fried).

### ■ Como carta del día
El camino sigue más allá del horizonte. Detén las viejas costumbres. ¡Te esperan nuevas posibilidades, nuevos caminos!

### ■ Como prognosis/tendencia
«Si encuentras a Buda en tu camino, mátalo» (Linji). La victoria mental sobre los ídolos y los ejemplos: nada del pasado puede prepararte plenamente para lo que está por venir.

### ■ En el amor y en las relaciones
Algo nuevo está en marcha también en el amor y en las relaciones. Ten cuidado y no saques conclusiones demasiado rápido.

### ■ En el éxito y en la felicidad
Conseguirás más cosas con «la mente en paz y con presencia de ánimo» (Ingrid Riedel). ¡Respira hondo un par de veces!

# Los 10 símbolos más importantes

### La postura de la figura

Encorvada o inclinada (con inclinación hacia algo). De todas formas, erguida y majestuosa. Mirada atenta o preocupada. Tiene la cabeza hacia un lado/la mirada fija en un punto. Hay muchas cosas a su espalda: en reserva u olvidadas.

### El oro en su regazo – ❶

**Positivo:** cuidas tus talentos, tus necesidades prácticas y tus tareas. **Negativo:** dejas de crecer porque pierdes comba y te centras demasiado en superficialidades y en cosas que parecen evidentes.

### Flores/frutas – ❷

Signo de una buena forma de abordar los valores, los talentos y los materiales. La abundancia de flores y frutas de la imagen muestra la productividad de la reina, su naturalidad y su creatividad. Esta idea se aplica tanto a su naturaleza interior como a la exterior.

### La rosaleda – ❸

Solo aquí y en I–El Mago: la rosaleda. Promesa: un signo de fecundidad, una situación favorable. Advertencia contra la falsa ambición y también contra la falsa modestia.

### El conejo – ❹

Fecundidad (cría de forma prolífica). Dejar espacio a los animales = dejar espacio a nuestros impulsos e instintos. El amor de todo lo que está vivo. Lo pequeño, insignificante; complemento positivo o negativo de las flores del cielo.

### La cabra/el íbice – ❺

Capacidad para sobrevivir incluso en terrenos áridos y baldíos. El íbice vive en las cumbres de las montañas, en el borde entre el cielo y la tierra. Advertencia: «hacer el cabra», algo que te pone de los nervios.

### Las montañas azules – ❻

**Positivo:** esta reina es experta en crear el «cielo en la tierra». **Negativo:** como muchas otras cosas, las montañas azules están a su espalda. Para percatarse de ellas tiene que darse la vuelta primero.

### El valle

No está claro qué es exactamente lo que se puede encontrar ahí abajo. **Positivo:** mantener nuestra distancia, visión de conjunto, dominio de los valores y talentos propios de la persona. **Negativo:** una distancia demasiado grande, extranjero, puño cerrado.

### El trono gris

El gris simboliza la neutralidad. **Positivo:** ecuanimidad consciente. **Negativo:** falta de respeto por los elementos grises presentes en el trono: cabezas de cabra o de íbice, más arriba una cabeza de niño y unas frutas que parecen manzanas y peras.

### Rojo – blanco – verde

Esta imagen es más colorida que muchas otras. Como sucedía con la rosaleda, la túnica roja y blanca alude al Mago. El manto verde representa la naturalidad, la frescura y el crecimiento pero también es una advertencia contra la inmadurez.

# Reina de oros

*Tú eres como esta reina. ¡Esta carta enfatiza tu dignidad real y tus atributos femeninos! Posees y estás desarrollando un dominio mayestático sobre las fuerzas terrenales de la vida. Necesitas todas tus habilidades como ser humano dotado de enorme talento, realismo y sentido del cuidado.*

*Al pie de las montañas azules hay un jardín de rosas.*

### ■ Significado básico

La señora de las necesidades básicas: ¿qué necesito? ¿De qué voy a vivir? Como sucede con todas las cartas de la corte, esta reina representa un ideal, el dominio perfecto del elemento en cuestión, en este caso, los oros (tierra, material, dinero, talento, lo físico). Tú eres como esta reina… ¡o estás en camino de serlo! O quizá estás destinado a conocer a alguien que encarna a esta reina.

### ■ Experiencia espiritual

¡Descubre lo maravillosa que es la vida y toda la creación que se manifiesta en las cosas cotidianas!

### ■ Como carta del día

«Haz primero lo que es necesario, luego lo que es posible y de repente te encontrarás haciendo lo imposible» (proverbio antiguo).

### ■ Como prognosis/tendencia

La Reina de oros significa un poder que llevamos dentro de nosotros y que nos transporta a experiencias culminantes y a los niveles más altos de desempeño.

### ■ En el amor y en las relaciones

¡El amor y el respeto por las obligaciones transforman la aburrida rutina diaria en un jardín de rosas!

### ■ En el éxito y en la felicidad

Quizá tengas que hacer algunos esfuerzos especiales para alcanzar un nivel más alto. ¡Aunque también es posible que primero tengas que bajar de tu pedestal!

# Los 10 símbolos más importantes

### La postura de la figura

Los ojos del rey están cerrados o puede que esté mirando hacia abajo: somnoliento o agradablemente sumido en sus pensamientos. La postura refleja apertura pero también una persona que se ha identificado con su misión.

### Las uvas I – ❶

Uvas y vino = disfrute sublime: los placeres sensoriales y la dicha de la sensualidad (dionisíaco; Baco, el dios del vino, o Dionisos). Disfrutar con la búsqueda del significado y de la verdad (Apolonio; in vino veritas).

### Las uvas II

Desde tiempo inmemorial las uvas han simbolizado también el trabajo más duro; los trabajadores de una viña constituyen una imagen perdurable de lo que significa ganarse el pan con el sudor de la frente.

### El castillo – ❷

**Positivo:** protección y seguridad. **Negativo:** encerrado, inaccesible. También: reformar la superficie de la tierra, crear valores duraderos, productividad, construcción. Un signo del trabajo duro y paciente (véase «El toro» a continuación).

### El toro – ❸

Un antiguo símbolo de la tierra (Madre Tierra) en su fertilidad pero también como poder natural que inspira temor (corridas de toros). En astrología, Tauro = mayo: ¡tiempo de renovación de los deberes reales!

### La negrura – ❹

**El poder primigenio de la naturaleza, de la materia:** epítome de todos los problemas que están aún sin resolver, de las dificultades o de los aspectos más oscuros de la vida. Al mismo tiempo, el interior de la tierra, sus tesoros, sus posibilidades aún sin explotar.

### El pie en la piedra – ❺

«Llenad la tierra y sojuzgadla». **Positivo:** la tierra como hogar y dominio. **Negativo:** mal uso y destrucción de las reservas naturales y de la atmósfera.

### Las montañas azules/nubes

La voluntad del hombre es su *reino de los cielos*. Nubes azules, o también montañas azules (como vínculo entre el cielo y la tierra). La dimensión espiritual de la vida y de la voluntad forma el fondo de la imagen.

### La túnica larga y suelta – ❻

**Positivo:** crecer con el trono y el jardín/viñedo. **Negativo:** una persona autoritaria que no tiene en cuenta los límites y que carece de conciencia. Advertencia contra la posibilidad de perderse en demasiados detalles en lugar de mostrar un perfil claro.

### A espaldas de la figura

Las nubes/montañas azules y el castillo están detrás de la figura. Uno debe ser consciente y abordar su mayor potencial, el papel que desempeña en el proceso de la creación, su propia contribución espiritual.

# Rey de oros

*Tú eres como este rey. ¡Esta carta enfatiza tu dignidad real y tus atributos masculinos! Desarrollas una forma mayestática y apreciativa de abordar las fuerzas terrenales. Necesitas todas tus capacidades como ser humano dotado de gran productividad, habilidad y sensibilidad.*

*La viña y las uvas de la vida...*

## ■ Significado básico

El señor de las posesiones: «¿Qué poseo y en qué cantidad? ¿Qué capacidades tengo? ¿Qué tiene un valor permanente?». Como sucede con todas las cartas de la corte, este rey representa un ideal, el dominio perfecto del elemento en cuestión, en este caso, los oros (tierra, material, dinero, talento, lo físico). Tú eres como este rey... ¡o estás en camino de serlo! O quizá estás destinado a conocer a alguien que encarna a este rey.

## ■ Experiencia espiritual

La producción, construcción, establecimiento de algo que sigue viviendo en el futuro.

## ■ Como carta del día

Ordena tus finanzas. ¿Qué «talentos» pueden ayudarte? ¿Sigues teniendo algunos deseos que satisfacer después de una vida productiva?

## ■ Como prognosis/tendencia

Tú eres tu propio capital; tierra de labor y su cosecha, la viña y su vino.

## ■ En el amor y en las relaciones

¡No dejes que te embotellen! Sé consciente o adquiere conciencia de tu valor incalculable. Expresa tus necesidades y emprende lo que sea necesario para su satisfacción.

## ■ En el éxito y en la felicidad

No permitas que tu autoestima dependa de tu dinero o de la opinión del mundo.

# Los 10 símbolos más importantes

### La carta como espejo

«El caballo genera estiércol en el establo y con gran esfuerzo ese mismo caballo lleva su estiércol al campo; y sobre el estiércol crece un trigo magnífico y noble que no habría existido de no ser por el estiércol» (J. Tauler).

### El caballo negro

¡La figura del caballero está formada por el jinete y el caballo juntos! **Caballo = naturaleza instintiva e impulsos =** uno de los aspectos del caballero. El negro puede representar «la basura del pasado» y también un futuro desconocido.

### El contraste entre negro y amarillo

Un contraste marcado: la tarea de abordar las contradicciones personales más importantes para que puedan volverse productivas. Verse a uno mismo como un campo que hay que arar y poner orden en nuestros asuntos personales.

### La armadura – ❶

**Positivo:** la persona está preparada, experimenta y proporciona protección y seguridad. **Negativo:** la persona permanece prisionera de sus propias convicciones e insiste de manera inflexible en algo o en alguna visión.

### La tierra de labor – ❷

Fertilidad, tener los pies en la tierra. El campo de la vida, el campo de la experiencia. La tarea de trabajar en uno mismo y «arar su propio campo». A veces es también una advertencia contra la posibilidad de arrollar, de pasar por encima.

### Plumas verdes – ❸

Aquel que ara su propio campo y no tiene miedo de las contradicciones llamativas (negro–amarillo) conseguirá y cosechará muchas cosas en la vida. También: vuelta a la naturaleza y una advertencia contra la inmadurez.

### El oro y el cielo

Tienen el mismo color. El oro se distingue únicamente por su contorno. Solo la experiencia y la comprobación de nuestros propios límites nos permite distinguir nuestros talentos. La tarea de establecer los límites de la persona.

### El color amarillo

Consciencia común, el sol; pero también la búsqueda de significado y envidia, oro y avaricia. La necesidad de diferenciar entre la consciencia común y el oro propio y personal.

### Las bridas rojas – ❹

El rojo representa la voluntad, la alegría de vivir y la pasión pero también la codicia y el egoísmo. Una invitación a poner todo el entusiasmo en descubrir lo que es de uno y a explorar territorios nuevos.

### Guantelete/manta de la silla – ❺

Este es el único caballero que lleva guanteletes y que tiene una manta. **Positivo:** preparado para el trabajo y para el frío. **Negativo:** no estar preparado para ensuciarse las manos, tener algo que tapar.

# Caballero de oros

*Tú eres como este caballero. ¡Esta carta enfatiza tu soberanía y tus atributos masculinos! Posees una forma holística y señorial de manejar las fuerzas terrenales de la vida y la estás desarrollando aún más. Necesitas todas tus habilidades como ser humano dotado de gran experiencia, rigurosidad y sentido económico.*

*El campo de la experiencia, tesoros del suelo.*

### ■ Significado básico

El señor del bienestar y del logro: «¿Qué traigo conmigo? ¿Qué sé hacer bien? ¿Qué me hace bien?». Al igual que todas las cartas de la corte, este caballero representa un ideal, el dominio perfecto sobre el elemento en cuestión, en este caso, los oros (tierra, material, dinero, talento, lo físico). Tú eres como este caballero... ¡o estás en camino de serlo! O puede que estés destinado a conocer a alguien que encarna a este caballero.

### ■ Experiencia espiritual

Maduración, culminación, recoger la cosecha... y los muchos pasos, senderos y desvíos que hay que tomar para recogerla.

### ■ Como carta del día

Nada se desperdicia; hasta nuestros «productos de desecho», personales o de cualquier otro tipo, pueden ser el fertilizante del siguiente ciclo. Perdónate a ti mismo y a los demás por no ser perfectos.

### ■ Como prognosis/tendencia

La práctica trae consigo la perfección: el progreso constante trae consigo la confianza en uno mismo.

### ■ En el amor y en las relaciones

No intentes evitar los conflictos cuando tengan que llegar; más bien al contrario, ¡búscalos! Tienes la capacidad necesaria para resolver los problemas.

### ■ En el éxito y en la felicidad

No puedes cambiar a tus congéneres pero sí aceptarlos de tal manera que brillen sus habilidades.

## Los 10 símbolos más importantes

### La postura de la figura

Parece estar inspeccionado cuidadosamente el oro (moneda) para ver si es auténtico. O quizá lo está contemplando como una maravilla frágil, sosteniéndolo casi como si fuese una burbuja delicada: una escena de ligereza etérea.

### La posición de las manos – ❶

**Positivo:** gran reverencia, tratamiento cuidadoso de las cosas valiosas y de los talentos, y también de la autoestima, los talentos y las tareas de uno mismo. **Negativo:** ser excesivamente cuidadoso, no captar realmente la esencia.

### El color amarillo

Sol pero también anhelo sensual y envidia, oro y avaricia. **Peligro:** acercarse demasiado al sol puede provocar una caída (a la fantasía o al delirio). **Positivo:** el lado oculto está también iluminado = consciencia fiable.

### El oro y el cielo – ❷

Tienen el mismo color. El oro se distingue únicamente por su contorno. Solo la experiencia y la comprobación de nuestros propios límites nos permiten distinguir nuestros talentos. La tarea de establecer los límites de la persona.

### El prado del paisaje – ❸

Las montañas azules, el trozo de tierra de labor y la multitud de flores que hay en el prado representan los tesoros que están esperando a ser descubiertos. Son como el oro que, según el antiguo proverbio, pavimenta las calles.

### Los árboles – ❹

En la imagen del rey de oros aparecen dos árboles en el borde; aquí vemos un bosquete. **Positivo:** variedad, mantenerse juntos, comunidad. **Negativo:** necesidad excesiva de sentirse integrado, demasiado o demasiado poco obstinado.

### Las montañas azules – ❺

El pico representa el vínculo entre el cielo y la tierra. En líneas generales, el azul es el color del cielo por lo que el azul de las montañas proclama una vez más el matrimonio entre el cielo y la tierra.

### La tierra de labor

Símbolo del campo de la vida, del campo de la experiencia. Tarea: trabajar en uno mismo. «¿Qué es lo que deseo cosechar?».

### El color verde

**Positivo:** crecimiento, naturaleza, naturalidad, frescura, esperanza, crecimiento gradual. **Negativo:** mucha inmadurez, falsas esperanzas (idealismo), no totalmente desarrollado, estar verde.

### El sombrero rojo – ❻

**Positivo:** voluntad, entusiasmo, pasión, «corazón» y emocionalidad. **Advertencia:** arrogancia, exaltación. **Incentivo:** orgullo, confianza en uno mismo, curiosidad, visiones.

# Sota de oros

*Tú eres como esta sota. ¡Esta carta enfatiza tu autonomía y también tu juventud y tus atributos juveniles! Desarrollas una forma señorial e innovadora de manejar las fuerzas terrenales. Se necesitan todas tus facultades como ser humano dotado de mucho sentido del humor e instinto.*

*¡No sueltes aquello que es fructífero y valioso!*

### ■ Significado básico

La aventura del descubrimiento y de la búsqueda: «¿Qué hay disponible? ¿Qué se puede hacer con ello?». Al igual que todas las cartas de la corte, esta sota representa un ideal, el dominio perfecto sobre el elemento en cuestión, en este caso, los oros (tierra, material, dinero, talento, lo físico). Tú eres como esta sota… ¡o estás en camino de serlo! O puede que estés destinado a conocer a alguien que encarna a esta sota.

### ■ Experiencia espiritual

Ser productivo. Encontrar algo. Plantar algo. Producir un efecto que vaya más allá de uno mismo.

### ■ Como carta del día

¡Convierte el día de hoy en una aventura llena de descubrimientos nuevos!

### ■ Como prognosis/tendencia

El oro es un regalo de la vida. Y un espejo que muestra que tú eres un tesoro para ti mismo y para tu entorno en cuanto captas tus talentos.

### ■ En el amor y en las relaciones

¡Amar a alguien significa también pedir cosas relacionadas con sus talentos!

### ■ En el éxito y en la felicidad

Nuestros talentos son a menudo como el oro que, según se dice, pavimentaba las calles. Al principio parecen tan poco visibles como una moneda amarilla sobre un fondo amarillo.

# Los 10 símbolos más importantes

### La carta como espejo

Tú eres como una moneda con dos caras, una brillante y la otra sombría. ¿Qué tipo de molde te formó? Y el reverso: ¿qué es lo que tú vas a moldear y formar?

### Pentágono – ❶

Un antiguo símbolo mágico. La vibración de la energía (los átomos) en la tierra. Una representación de la figura humana (las puntas indican las manos, los pies y la cabeza). Los cuatro elementos y su culminación en la quintaesencia.

### El borde doble – ❷

La imagen consigue transmitir una referencia a las dos caras proverbiales de una moneda y para ello se vale del borde doble: impresiones positivas y negativas, aptitudes y defectos y muchos otros contrarios.

### Los oros I

Oro = elemento tierra: todo aquello que es material, tanto en el sentido de lo que tiene valor financiero y material como en el de la materia, lo físico (madre, matriz). Los oros/monedas están relacionados con las tareas prácticas y los resultados.

### Los oros II

Palabras clave para los oros: valores materiales y talentos. Dinero y validez. Y talentos en el sentido de facultades personales y tareas que están esperando a ser descubiertas y realizadas.

### La mano que emerge de la nube/corona – ❸

El oro es un regalo para ti. Tú mismo eres un regalo, para ti mismo y para el mundo. Acepta este regalo y utilízalo. Cógelo en tus manos y deja que se multiplique.

### El cielo gris

El gris se asocia con la tranquilidad, con la compostura. **Positivo:** imparcialidad, neutralidad, paciencia. **Negativo:** falta de consciencia, indiferencia. Todo ello con respecto al valor y la utilidad de tu talento.

### El jardín/los lirios blancos – ❹

El mundo como lugar donde vivir, tierra cultivada. Blanco: el color de los comienzos y de la culminación. El jardín de la infancia, el paraíso humano que hemos dejado atrás y al que deseamos regresar.

### Las montañas azules – ❺

La cumbre representa el vínculo que conecta el cielo y la tierra; el azul es también el color del cielo. «¡Aprovecha tus talentos!». ¡Asciende tu montaña, permite que emerja algo beneficioso de tu potencial!

### La verja del jardín – ❻

La frontera entre la realidad y el otro mundo. Una experiencia recurrente: cruzar un umbral, embarcarse en una nueva etapa de la vida. Partir para llegar. ¡El paraíso perdido y el paraíso recuperado!

# AS DE OROS

*El oro simboliza el talento y la riqueza: material, financiera, física. Los oros son la encarnación de la naturaleza y la cultura. Son nuestra herencia, contienen tareas aún no completadas y posibilidades aún no explotadas. Las montañas azules y el jardín son otras referencias a este potencial.*

*¡Alabado sea aquello que nos ayuda a apreciar y disfrutar de la vida!*

### ■ Significado básico

Los oros representan los talentos y la riqueza personal: una cara de la moneda muestra nuestro «sello»: esas características que cada uno de nosotros lleva consigo, tanto capacidades como impedimentos. Al aceptarlas y trabajar sobre ellas creamos algo nuevo y nosotros, los creados, nos convertimos también en creadores: de nuestras circunstancias y de los rastros que dejamos atrás.

### ■ Experiencia espiritual

Reconocer que nuestra tarea, nuestra vocación, nuestros dones ¡son nuestro destino y nuestra oportunidad!

### ■ Como carta del día

Pon en marcha tus talentos. ¡Haz lo que más te interese!

### ■ Como prognosis/tendencia

Creemos que solo los «expertos» tienen talento. Lo cierto, sin embargo, es que todos lo tenemos. Cada uno de nosotros es mejor que cualquier otra persona en algo.

### ■ En el amor y en las relaciones

Amar significa decir que sí a alguien en toda su exclusividad.

### ■ En el éxito y en la felicidad

De ti depende —como tarea y oportunidad— definir las circunstancias de tu vida, sopesar el significado de tu existencia y luego atreverte.

# Los 10 símbolos más importantes

**Los dos oros I**

Representan las dos caras proverbiales de la moneda: en distinta forma, todos tus puntos fuertes personales y todas tus imperfecciones, tus aspectos brillantes y tus aspectos sórdidos, tus dones y tus incapacidades están relacionados entre sí...

**Los dos oros II**

... y hay que organizarlos (para que los puntos fuertes y las debilidades no se confundan entre sí, por ejemplo). Pero esto no significa desgajarlos (de ahí la cinta verde); los dos aspectos juntos son lo que conforma al hombre.

**La cinta gris/el ocho horizontal – ❶**

**Positivo:** las posibilidades infinitas, la contribución de la persona al juego cósmico, integridad. **Negativo:** rutina monótona, repetición (correr en círculo).

**Los barcos de vela I – ❷**

«... que la persona más excelente debe tener también cualidades adversas, como un gran barco a toda vela, que necesita lastre, que su peso sea suficiente para poder hacer una travesía correcta» (Gottfried Keller).

**Los barcos de vela II**

El barco de vela es también un símbolo de la capacidad de manejar los vientos cambiantes de la fortuna con habilidad para llegar a puerto seguro en cualquier circunstancia. Advertencia: no navegues demasiado cerca del viento.

**Las olas – ❸**

Los momentos cumbre y los momentos bajos de la vida. Crecimiento personal. Travesía a nuevos continentes. Toda la vida comenzó en los océanos: nos recuerda nuestros orígenes, nuestra parte personal en la creación.

**Banda verde/zapatos verdes – ❹**

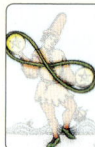
El verde es el color de la vida, de la vitalidad, del crecimiento y, por tanto, también de la esperanza. Pero por otra parte puede representar la inmadurez, la falta de terminación, algo que está «a medio hacer».

**El color de las vestiduras**

El rojo representa la voluntad y la pasión pero también el entusiasmo y, en ocasiones, el exceso de entusiasmo. El color de la túnica representa una mezcla del rojo con el amarillo de los oros: la voluntad y el sol o el entusiasmo con envidia y avaricia.

**El sombrero grande – ❺**

¿Una cresta hinchada? Ego, exceso de celo, altanería (en especial porque la figura no es consciente de lo que está sucediendo detrás de ella). **Positivo:** una corona, crecer para superarse a uno mismo, un galardón.

**El borde de la túnica – ❻**

Un dibujo poco habitual (solo aparece en esta carta): ¿quizá un miedo a verse acorralado? **Positivo:** ¡cuando afrontas las contradicciones de tu vida pueden llegar a parecer un adorno interesante!

# Dos de oros

*Asumir las contradicciones: puntos fuertes y debilidades de la persona, nuestros problemas y los de los demás, los principios del placer y el deber que chocan entre sí, los aspectos brillantes y escabrosos. Tú también eres como una moneda: tienes tu sello, pones tu sello en el mundo.*

Las dos caras de la moneda…

### ■ Significado básico

Una transformación profunda. Un cambio en el foco de la vida. Nuevos datos, valores y resultados que pasan a primer plano en tu situación actual y te presentan una perspectiva nueva. Algo, alguna posibilidad que ha estado esperando entre bastidores se adelanta y adopta un significado nuevo. No intentes jugar a los dados con el destino y tampoco claves los talones. La solución consiste en pillarle el tranquillo a las contradicciones. Ya tienes en tus manos lo que necesitas para compatibilizar todos los elementos y darles una posición favorable.

### ■ Experiencia espiritual

Traes datos nuevos y con ello ayudas a formar la faz de la tierra.

### ■ Como carta del día

Necesitas (y encuentras) resultados nuevos.

### ■ Como prognosis/tendencia

Cuando tu vida sufre un cambio, puedes contar con que se van a presentar molestias temporales y un cierto grado de inseguridad. ¿De qué otra forma podrías deshacerte de los viejos hábitos y desarrollar un nuevo estado de consciencia?

### ■ En el amor y en las relaciones

«Sin duda es curioso que la persona más excelente tenga también cualidades adversas…

### ■ En el éxito y en la felicidad

… como un barco a toda vela, que necesita lastre, que su peso sea suficiente para poder hacer una travesía correcta» (Gottfried Keller).

# Los 10 símbolos más importantes

### La imagen como espejo

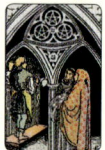
Esta es la única carta en la que aparecen oros negros. Una advertencia contra las personas poco transparentes. Estímulo: profundizar, encontrar un tesoro enterrado y revelar caminos nuevos. ¡Encuéntrate a ti mismo y sal a la luz!

### El escultor/albañil – ❶

Un cincel en la mano izquierda, un mazo en la derecha. Está trabajando la piedra, quizá haciendo un relieve. Miguel Ángel señaló que al trabajar no ponía nada en la piedra sino que «simplemente» liberaba…

### La piedra sin pulir – ❷

… la escultura que ya existía de la materia inerte que la rodeaba. La piedra sin pulir es el hombre con su potencial y su «escoria»; ¡con su «llamada», que aún está durmiendo dentro de él!

### La cripta/el sótano

Este aspecto está relacionado con los cimientos, con los valores básicos, con el trabajo preliminar en la esfera de los oros (dinero, valores, talentos). Sobre la base de estos arcos se elevará una construcción poderosa: ¿en qué va a favorecerla tu trabajo?

### Los oros negros I – ❸

Oros/monedas negras: puede que las necesidades personales, las finanzas y los talentos se hayan juzgado de forma incorrecta o permanezcan olvidados o ignorados. Pero también puede ser sencillamente que aún no se hayan expuesto, que todavía no hayan sido reconocidos: ¡talentos latentes!

### Los oros negros II

**Negativo:** «poseer un talento y no aprovecharlo significa malgastarlo» (duque Clemens August de Weimar). **Positivo:** iluminas la oscuridad. No tienes miedo de encontrarte con lo desconocido.

### El monje – ❹

Valores básicos y rendimiento máximo: tener una vocación puede generar muchos logros porque uno está más comprometido. Pertenencia a una orden = vivir la vocación. Y toda vocación auténtica tiene un lado espiritual.

### Monja/loco/mujer noble – ❺

Como monja = vocación, como en el monje que está a su lado. Como un loco, la figura subraya los aspectos de libertad y de lo absoluto. Como mujer noble = belleza e importancia de los valores personales y de los principios básicos.

### El plano doble – ❻

Las figuras de la derecha están sosteniendo dos copias de un plano, un boceto o un dibujo. Tienen que ver con proyectos relacionados con el trabajo. Espiritual: el cianotipo de la creación; aquello que Dios te tiene reservado.

### El banco

En el Ocho de oros y en esta carta aparece un hombre con un martillo y un cincel y también un banco. Aquí su propósito es elevar (animar, «levantar» una prohibición, etc.) a una persona en su trabajo y a través de su trabajo.

# Tres de oros

*Podemos ver distintos aspectos de trabajo, profesión y vocación: trabajo con materiales, reformar la tierra, trabajar en uno mismo, la revelación de lo que estaba oculto. También trabajar con otros y para otros. ¿Qué contribución hace al mundo nuestro trabajo?*

Positivo: El lado oculto también está iluminado = subconsciente fiable.

### ■ Significado básico
Solo en esta carta aparecen los oros dibujados en negro. Es posible que se estén ignorando las necesidades, finanzas y talentos de la persona o que todavía no se hayan desarrollado, que estén sin nombrar. Esta carta hace referencia a tu vocación: ¡profundiza! La vocación ayuda a la persona a ascender a grandes alturas porque le permite reconocer lo que está oculto. Como cuando el genio Miguel Ángel señaló que el escultor no añade nada a la piedra sino que se limita a liberar la figura que está encerrada en ella.

### ■ Experiencia espiritual
Una vocación auténtica constituye una pasión grande y alegre...

### ■ Como carta del día
Todo el mundo tiene cumbres que le están esperando...

### ■ Como prognosis/tendencia
... de diversas alturas, por supuesto. Pero cada una de las montañas tiene una cumbre. La cuestión fundamental sigue siendo si vas a conseguir alcanzar tu cumbre particular.

### ■ En el amor y en las relaciones
No te limites a pedir lo que quieres para ti; averigua lo que Dios y el mundo quieren de ti: ¡en ese momento tu camino será mucho más fácil y merecerá la pena recorrerlo!

### ■ En el éxito y en la felicidad
Encuentra esa tarea que desarrolla y esculpe mejor tus habilidades.

# Los 10 símbolos más importantes

### La postura de la figura

La figura aparece algo inclinada, una advertencia contra la falsa humildad y las actitudes estrechas (reticentes). De todas formas, con el oro por encima de la cabeza no es en absoluto pequeña sino bastante grandiosa.

### La cosa en sí I – ❶

La figura tiene claramente algo con los oros: los pies descansando sobre dos de ellos, uno encima de su cabeza y otro agarrado contra el pecho. **Negativo:** un fanático que culpa a las circunstancias...

### La cosa en sí II

... **Positivo:** un maestro en su profesión que ha aprendido su oficio a la perfección, que se ha identificado con él. Los descubrimientos nuevos exigen una búsqueda personal del alma en todos los niveles.

### La corona – ❷

**Negativo:** egoísmo, fanfarronería. El individuo se considera el rey. **Positivo:** el individuo es el rey. Un auténtico profesional. Un maestro en su ámbito, utiliza con éxito sus valores y talentos.

### Las torres/la ciudad – ❸

La abundancia de torres recuerda a las ciudades de la Toscana. Las torres representan la vigilancia, la protección, la seguridad, el orgullo y el poder justificados, pero también el desapego, la cautividad, el aislamiento, la megalomanía.

### La ciudad a espaldas de la figura

Es bueno alejarse de la muchedumbre para así pulir nuestros talentos y desarrollar nuestra profesionalidad. Por otra parte: ¿quién se beneficia? Haz tu contribución propia y específica, aporta tus capacidades... ¡y a ti mismo!

### El manto negro – ❹

Los ecos negros del tema del Tres de oros: talentos desconocidos esperando la luz del día. La verdadera maestría supone también descubrir algo nuevo en los viejos patrones. ¡Una advertencia contra una existencia poco transparente!

### La túnica color berenjena – ❺

Un color poco habitual en este tarot, una alusión a la esfera de la digestión y las heces. **Negativo:** «fijación anal» (Sigmund Freud). **Positivo:** la capacidad de convertir «la basura en oro».

### El bloque de piedra – ❻

Un símbolo de lo material, la tierra con los cuatro puntos cardinales. La tarea y el arte de encontrar nuestro lugar en el mundo. VI–El Emperador en el nivel de los oros: autodeterminación en sentido material y práctico.

### El cielo gris

Una **advertencia** contra la falta de consciencia, la indiferencia emocional, la falta de implicación (incluida la falta de preocupación por las necesidades y deseos propios). **Positivo:** imparcialidad, neutralidad, falta de prejuicio.

# Cuatro de oros

*Un profesional de los pies a la cabeza: la atención que presta a los dos oros que tiene bajo los pies le confiere una vida con los pies en la tierra pero «plana». Al llevar el oro central hacia el corazón eleva el plano de la vida a aquello que puede ser «agarrado». Y el maestro capaz de coronarse a sí mismo con el oro superior ha descubierto cómo utilizar plenamente todos sus talentos.*

*Poseer un talento y no utilizarlo significa hacer mal uso de él.*

### ■ Significado básico
La capacidad para comprenderse y coronarse a uno mismo con los propios talentos exige tanto apartarse del mundo como entrar a su servicio. Si no queremos convertirnos en extraños ni vernos «absorbidos» por la masa por nuestras cualidades especiales, tenemos que establecer con exactitud qué talentos poseemos que puedan ser útiles e importantes para otros y utilizarlos de la mejor manera posible según nuestra experiencia y conocimiento.

### ■ Experiencia espiritual
Una relación íntima entre la persona y el mundo material.

### ■ Como carta del día
Desarrolla tu capacidad y aquello que te importe. ¡Y mira a ver qué hay bajo tus pies esperando a ser descubierto!

### ■ Como prognosis/tendencia
En ocasiones esta carta nos recuerda que ha llegado el momento de retirarnos y «hacer lo nuestro». Otras veces nos pide que nos abramos y seamos más comunicativos.

### ■ En el amor y en las relaciones
Entre otras cosas, amar significa ayudar al otro a establecer una esfera personal de influencia ¡y a que ocupe esa esfera como su soberano por derecho propio!

### ■ En el éxito y en la felicidad
Ni fanfarroneando ni adulando vas a conseguir avanzar. Para ello debes cultivar pacientemente tus mejores talentos.

# Los 10 símbolos más importantes

### La carta como espejo

Que quede claro que esta carta no supone automáticamente un signo de necesidad e infortunio; también es una carta de suerte porque representa (entre otras cosas) la superación de todo tipo de dificultades y la integridad de todo aquello que atesoramos.

### La ciega y el cojo I

La vieja historia del ciego y el cojo que unieron sus recursos encaja perfectamente con esta escena. «Estamos unidos» y así podemos resolver la peor de las dificultades.

### Aliviar al necesitado

La ceguera y la cojera representan todo tipo de discapacidades o problemas. Hasta la mayor de las necesidades puede aliviarse. Por tanto, el mensaje general de la carta es el siguiente: atiende tus necesidades, ten en cuenta lo que tú necesitas.

### La ciega y el cojo II

El significado principal se encuentra en su cooperación. Como suplemento: aceptación de nuestras diferencias. Cada uno puede desarrollar y buscar su realización a su manera.

### Las muletas – ❶

Por un lado son una acentuación gráfica de la difícil situación, de la necesidad que está presente o que ya se ha superado. Pero también son un signo de que existe una solución para el problema, que dispones de ayuda y apoyo.

### La campanilla del apestado – ❷

Los apestados tenían que llevar una campanilla para advertir a otras personas del riesgo de infección. **Pero la campanilla tiene también un aspecto positivo**: aquí estoy, soy una persona excepcional. Cada crisis supone también una oportunidad.

### El suelo blanco – ❸

**Evidente:** nieve, hielo y frío. **Positivo:** recordatorio de la necesidad de explicar algo, de que las cosas queden claras, sanadas y restauradas entre otros y tú o simplemente para ti. Una **advertencia** contra la (mala) conducta sin fundamento.

### Copos de nieve/pared negra – ❹

**Evidente:** nieve, hielo y frío. También **un símbolo** del contraste borroso entre el negro y el blanco, paredes que se hacen permeables, transparentes: dentro y fuera son dos caras de la misma moneda.

### La luz brilla en la oscuridad – ❺

Luz, calor, riqueza en un lado; oscuridad, frío, pobreza en el otro. Es una cuestión de implicación y de aceptar nuestra parte de la responsabilidad. De los apuros de las personas que están dentro y fuera y de los tuyos.

### Cinco oros como la quintaesencia

Los mayores talentos solo resultan útiles si benefician a otros. Y cuanto mayor es la necesidad, más valiosos resultan la ayuda y el apoyo. Ayudar a otros y ayudarse a uno mismo como pareja complementaria.

# Cinco de oros

*Una escena de miseria. Pero también de cómo superarla: la leyenda nos habla de un ciego y un tullido que unieron sus fuerzas y cada uno dio al otro el apoyo que necesitaba: el ciego ayudó al cojo a caminar; el cojo guió al ciego. Al compartir sus necesidades y sus habilidades, consiguieron aliviar sus penalidades.*

*¡A buen hambre no hay pan duro!*

### ■ Significado básico
Todas las capacidades humanas (posesiones y habilidades) tienen un valor igual a la utilidad que puedan tener para prevenir las penalidades y aliviarlas cuando son inevitables. Algunos estados de aflicción surgen por *fuerza mayor* —por obra de Dios— mientras que otros provienen de necesidades no satisfechas: la necesidad de dar sentido a la vida, la sed de amor, el anhelo de tener un hogar. Allí donde todo tu potencial se dedica a aliviar los problemas más angustiosos es donde tus talentos resultan más efectivos.

### ■ Experiencia espiritual
«Deja que Dios comparta tu carencia. Él no tiene ninguna» (Dorothee Sölle).

### ■ Como carta del día
Las capacidades de aquel que trabaja solo se suman. Las de una persona que coopera con otra se multiplican.

### ■ Como prognosis/tendencia
A veces es el momento adecuado de tirar la toalla, de aceptar la derrota, de asumir una carencia. Pero aun así sigue siendo cierto que existe mucha necesidad e infelicidad innecesaria en el mundo y en ti mismo. Merece la pena hacer algo para evitarlo.

### ■ En el amor y en las relaciones
Rechaza las exigencias injustificadas y el sacrificio sin sentido.

### ■ En el éxito y en la felicidad
¡Cumple las tareas que merecen la pena con el corazón alegre!

# Los 10 símbolos más importantes

### La carta como espejo

Contesta sin pararte a pensarlo: ¿en cuál de las tres figuras te ves inmediatamente reflejado? Las tres, juntas o por separado, podrían ser un espejo de tu personalidad. Compárala también con V–El Sumo Sacerdote.

### El hombre rico – ❶

La figura grande representa tus puntos fuertes, la riqueza de tu experiencia y tus talentos; aquellas facultades que siempre están ahí, que tienes en abundancia y puedes compartir. No importa el saldo que tengas ahora mismo en el banco.

### Los dos suplicantes – ❷

Representan nuestras debilidades. Uno de ellos recibe una limosna y el otro, nada. Estos dos «mendigos» son también partes importantes de tu personalidad y la expresión de una experiencia valiosa.

### La balanza I – ❸

La balanza como imagen de sopesar los pros y los contras: qué peticiones son sensatas y deben concederse y cuáles son fútiles y deben rechazarse. Estudia con atención qué necesidades son importantes para ti.

### La balanza II

Cuando «dar y recibir» están equilibrados, puede deberse a dos razones posibles… y contrapuestas: o bien lo que se recibe y lo que se da son cosas irrelevantes, no tienen peso, o bien estamos ante una situación que beneficia a todos.

### Las cuatro monedas pequeñas I – ❹

Cuando el que da, y por el hecho de dar, se siente enriquecido en lugar de considerar que está perdiendo algo, y cuando el que recibe, por el hecho de recibir, se siente sustanciado en su valor como ser humano en lugar de avergonzado…

### Las cuatro monedas pequeñas II

… entonces se genera un «valor añadido» porque ambas partes se sienten más ricas que antes. Este valor añadido aparece representado por las cuatro moneditas que forman el vínculo entre la mano que da y la que recibe.

### El signo de bendición – ❺

Los dedos del hombre rico repiten el gesto del Sumo Sacerdote. **Positivo:** sin duda hay algo de sagrado en esta situación en la que todos ganan. **Negativo:** arrogancia, moralización, entrega de una limosna.

### Los oros en el cielo

**Negativo:** la prosperidad verdadera no consigue llegar a las personas que están «allí abajo». **Positivo:** pero cuando el dar y el recibir forman un equilibrio verdaderamente armonioso, creamos un trocito del cielo en la tierra.

### La ciudad/el castillo – ❻

Está a una cierta distancia, en el fondo de la imagen. La persona necesita apartarse de la rutina y del trajín para reconciliarse consigo misma y asumir sus puntos fuertes y sus debilidades. **Negativo:** «cocerse en su propio jugo».

# SEIS DE OROS

*Esta carta nos habla del hecho de dar y recibir, de afrontar las necesidades, de lo que obtenemos por nuestros talentos. Cuando los talentos se emplean de la mejor manera posible, aquellos que los poseen y aquellos que se benefician de ellos tienen las mismas ventajas.*

¿Una situación ventajosa para todos?

### ■ Significado básico

¿Caridad, prestaciones sociales? Esta carta nos habla de algo más aparte de eso. Cuando tus talentos ayudan a aliviar las necesidades y tus necesidades ayudan a despertar talentos, el resultado neto es positivo para todos; es esa situación en la que todos ganan. De esa forma, las necesidades y la necesidad pueden transformarse en una actividad creativa y genuinamente consagrada. Este añadido extra aparece representado por las cuatro monedita de la imagen.

### ■ Experiencia espiritual

El valor de lo que posee la persona es mayor cuando se pueden beneficiar de ello tantas personas como sea posible. En ese sentido solo posees lo que das.

### ■ Como carta del día

La agenda de hoy contiene formas nuevas de darte cuenta de tus deseos y de satisfacer los de los demás.

### ■ Como prognosis/tendencia

Concéntrate en crear «valor añadido» para todas las personas implicadas. Eso es mucho mejor que pasar el tiempo parcheando las deficiencias.

### ■ En el amor y en las relaciones

Dar y recibir: creas una situación en la que se puede dar y recibir sin problemas...

### ■ En el éxito y en la felicidad

... y en la que puedes atreverte a ser débil sin provocar dureza ni hostilidad.

# Los 10 símbolos más importantes

### La postura de la figura I

Esperando, cavilando, descansando o haciendo un alto. Tanto si tienes el trabajo ante ti como si está detrás, la situación tiene que ver con evaluar la situación o quizá resolver algún misterio: «¿Qué significa todo esto?».

### La postura de la figura II

¿No tiene ni idea de hacia dónde volverse? Quizá está simplemente haciendo una «pausa creativa». ¡O comprobando atentamente lo que hay, buscando signos y rastros!

### La distribución de los oros I – ❶

El montón de oros muestra cómo se han hecho las cosas hasta este momento, de la forma «normal». El oro aislado que está a sus/tus pies marca el nuevo enfoque, tu propio punto de vista, la innovación.

### El distinto color de los zapatos – ❷

Si en lugar de evaluar la situación —lo que hay que hacer— desde su punto de vista personal, la persona se limita a tener en cuenta consideraciones generales… ¡entonces se da la vuelta la situación!

### La distribución de los oros II

Como suele decirse, todo tiene dos caras. Algunos aspectos solo se aprecian cuando la persona está preparada para cuestionar su propia postura y para ver las cosas desde una perspectiva diferente.

### La expresión I – ❸

La postura de la cabeza expresa cansancio o perplejidad pero también un estudio atento. Se cree que el origen de la palabra religión es «volver a leer»: una investigación exhaustiva.

### La expresión II

Aquel que analiza atentamente todos los aspectos de una situación puede necesitar más tiempo que otros. Pero tiene más probabilidades de encontrar relaciones ocultas y soluciones nuevas.

### La azada I – ❹

Una vara de medir. Simboliza el uso adecuado de la herramienta correcta, la correlación eficaz entre mente y materia (lo que suele representar cada pentáculo con su pentágono inscrito).

### La azada II

Experiencia ya obtenida = una herramienta para crear algo nuevo. Escoge aquellas costumbres tradicionales que te sirven, añádeles tu propia contribución y deja que los enfoques positivos ya existentes trabajen juntos y creen algo nuevo.

### Los colores mezclados – ❺

Muestran: lo que es de uno y lo que viene de fuera, la tradición y el punto de vista propio de la persona se entremezclan. Ahora vas a descubrir la tarea que mejor te va, ¡la contribución que el mundo ha estado esperando!

# Siete de oros

*Es posible que tengas a tus espaldas o ante ti una montaña de esfuerzos y dificultades; en este punto es cuestión de valorar tus resultados hasta la fecha y determinar nuevos objetivos. ¿Estás satisfecho con los resultados obtenidos? ¿Cómo has trabajado? Somete tus resultados a un análisis exhaustivo.*

*¿Qué significa todo esto?*

## ■ Significado básico

Todas las cosas y todas las tareas tienen, además de sus aspectos puramente objetivos, *un significado personal*. ¿De qué te sientes orgulloso? ¿Hay algo que te incordie? ¿Te falta algo? Descubre en qué aspectos ves las cosas de manera diferente a los demás. ¿Qué es lo que más te gustaría desechar? ¿Qué quieres plantar? ¿Qué hábitos quieres cultivar?

## ■ Experiencia espiritual

Para ver dónde te encuentras, necesitas evaluar la situación una y otra vez. Este proceso de observar, atento y con plena dedicación, es el significado básico de la palabra religión (en latín, «reconexión» pero también «reconsideración»).

## ■ Como carta del día

Analiza tus cuestiones actuales y busca signos y trazas. A veces incluso aquello en lo que tropezamos puede proporcionarnos indicios útiles.

## ■ Como prognosis/tendencia

Ha llegado el momento de hacer balance: el valor de la claridad emocional o mental depende de tu capacidad para conseguir resultados útiles. Y tus logros solo te proporcionarán satisfacción en la medida en que puedas identificarte con ellos.

## ■ En el amor y en las relaciones

¿Qué te gustaría cultivar, crecer y luego entregar a tu ser amado y al mundo?

## ■ En el éxito y en la felicidad

Atente a lo que es genuino.

# Los 10 símbolos más importantes

## La postura de la figura

Esta es la única carta de este palo en la que la figura que aparece en la imagen está trabajando sobre los oros. Una imagen de un artesano trabajando: trabajando en una tarea o en un objeto pero también una metáfora del trabajo en uno mismo.

## Trabajar en el oro I – ❶

No se puede conseguir la maestría si no se aprende y se practica. Si la figura tiene que trabajar todavía sobre los otros siete oros, da la impresión de que es un aprendiz. Pero si el trabajo en los otros siete oros está ya terminado, podemos suponer que es el maestro.

## Trabajar en el oro II

Al igual que una moneda, toda persona tiene algunas características que resaltan y otras que parecen bastante planas o vulgares. Una cara de la moneda está relacionada con: ¿qué fue lo que me moldeó? Y la otra cara con: ¿qué voy a moldear?

## Pilar con oros – ❷

**Positivo:** «la moderación indica al auténtico maestro». Aquí, limitarse a una única habilidad para no convertirse en un «aprendiz de todo y maestro de nada». Conexión entre cielo y tierra. **Negativo:** monotonía, repetición.

## Un oro en el suelo – ❸

Este oro enfatiza la situación de la persona, su distinción personal, quizá también un nuevo enfoque… Pero también un oro que «cae en la cuneta», es decir, fortalezas y talentos a los que no se presta suficiente atención.

## Azul y rojo

Los colores del fuego y del agua: cuando aparecen juntos representan entusiasmo y pasión. **Positivo:** una gran disposición para esforzarse, superar las dificultades. **Negativo:** dedicación ciega, repetición.

## El pueblo al fondo de la imagen

Nota: a espaldas de la figura. Alejarse de la muchedumbre para poder desarrollar las fortalezas concretas de los talentos propios de la persona. Pero los mayores talentos no tienen ningún valor si no contribuyen al beneficio de otros.

## El banco – ❹

**Positivo:** sé tu propio punto de referencia. «Hazlo tú mismo». Haz lo que haya que hacer y utiliza/trabaja tus talentos. **Negativo:** falta de confianza en los demás. Tendencia a prestar demasiada atención a los detalles.

## Marcas sobre el pilar – ❺

**Positivo:** anillos anuales, paciencia, crecimiento, maestría, desarrollo gradual. **Negativo:** agujeros de nudos, falta de alternativa (ramas), rutina vacía, complejo de repetición, falta de imaginación, aburrimiento.

## Martillo y cincel – ❻

**Positivo:** una imagen de la habilidad de la persona para crear una impresión. La capacidad de crear un valor sostenible. Cambio y valores duraderos. **Negativo:** necesidad de poner el sello propio sobre todas las personas y todas las cosas.

Oros

# OCHO DE OROS

*El despliegue de oros representa la experiencia y la maestría pero también falta de imaginación y monotonía. Maestría significa que el trabajo no solo emplea energía sino que también la devuelve. También: la persona encuentra su propio estilo y un diálogo creativo entre su oficio y él mismo.*

*Maestro artesanos ...*

### ■ Significado básico

Nosotros somos como monedas: hemos sido creados en la forja de Dios y generamos una impresión. Por eso el trabajo sobre los oros es un espejo de nuestro trabajo sobre nosotros mismos. La productividad de una persona consiste en sus habilidades para «producirse» a sí misma y para producir orden en su mundo. De ese modo desarrollas una situación de lujo personal: un tesoro de bienestar, ideas que se han convertido en realidad y deseos cumplidos. Y todos los aspectos son importantes: no solo los resultados finales sino también las «circunstancias anejas».

### ■ Experiencia espiritual

Los gurús crean discípulos. Solo la (propia) práctica crea al maestro perfecto.

### ■ Como carta del día

No dejes que te utilicen en beneficio de otra persona: ¡averigua qué es lo realmente importante para ti!

### ■ Como prognosis/tendencia

El maestro es el auténtico principiante. Precisamente es su habilidad la que le muestra que toda su experiencia anterior es ya historia.

### ■ En el amor y en las relaciones

El amor no es solo una cuestión de sentimientos sino también el apoyo mutuo para ser conscientes del trabajo de la vida de cada miembro de la pareja.

### ■ En el éxito y en la felicidad

Eres el jefe de tu vida y siempre lo serás. Aunque no seas un trabajador autónomo. Eres el líder y el maestro de tu vida, el director del trabajo de tu vida, constante y firme.

# Los 10 símbolos más importantes

### La túnica

Estamos ante una escena de esplendor, belleza y refinamiento caro. Pero la larga cola podría también provocar dudas: ¿es una túnica demasiado larga para quien la viste? ¿O está quizá su portador arrastrando su pasado detrás de sí?

### El seto

¿Está la figura de la imagen delante del seto (desde tu punto de vista) o detrás de él (desde el punto de vista del resto del mundo)? ¿Se irradia al mundo ese despliegue de talento o se esconde de él?

### El halcón – ❶

¿Caza elegante o egoísmo agresivo? El halcón está encapuchado, por lo que está tranquilo pero preparado para la acción. Con ello ¿se concentran los recursos o se produce una situación frustrante y limitante? ¿Pasión poderosa o simple instinto ciego?

### El caracol – ❷

**Positivo:** el caracol se siente en casa en cualquier parte. Siempre puede encontrar un lugar donde retirarse. Es independiente de los otros, tiene su propio ritmo. **Negativo:** un paso dolorosamente lento, huida de la realidad, falta de implicación.

### La distribución de los oros – ❸

El tema del Seis de oros: dar y recibir; el uso y la expresión de las habilidades y necesidades personales. Como en el Tres de oros: promoción y desarrollo de talentos ocultos.

### Las uvas I – ❹

Uvas y vino = disfrute sublime: los placeres sensoriales y las alegrías de la sensualidad (dionisíaco; Baco, el dios del vino, o Dionisos) y disfrutar con la búsqueda de significado y de verdad (Apolonio, *in vino veritas*).

### Las uvas II

Desde tiempo inmemorial las uvas han simbolizado también el trabajo más duro: los trabajadores de una viña constituyen una imagen perdurable de lo que significa ganarse el pan con el sudor de la frente.

### Las uvas III

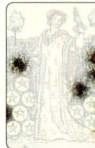

Como las uvas son una de las frutas que maduran más tarde, simbolizan también la madurez, el éxito en la vida y la realización (véase también el Diez de oros: el anciano con las uvas).

### Las flores en la túnica – ❺

*Flower power.* Una personalidad floreciente. Una variante del signo de Venus. Símbolo de la fecundidad de (nuestra propia) naturaleza. **Negativo:** narcisista, preocupado solo por sí mismo. **Positivo:** sacar el máximo partido a los talentos propios.

### La casita al borde de la imagen – ❻

**Positivo:** rodeado por las monedas, es decir, por los talentos de la persona, y las frutas que surgen de ellos, uno encuentra el lugar al que realmente pertenece. **Negativo:** identidad subdesarrollada, un niño de la naturaleza, un solitario.

# Nueve de oros

*Has florecido: has alcanzado un estado de prosperidad personal (a cualquier edad) y puedes disfrutar de tu existencia y sentirte satisfecho con tus talentos. Recoges sus frutos día tras día con devoción y con amorosa consciencia de tu situación. ¡Siéntete contento contigo mismo y con cómo vas madurando cada vez más!*

¡Variedad de talentos!

### ■ Significado básico
El hecho de que estés vivo marca una diferencia muy grande. Tienes algo que convierte este mundo en un lugar más rico. ¡No escondas tus talentos debajo de la alfombra! Muéstrate generoso; enseña a los demás seres humanos los tesoros que tienes guardados, porque posees un valor incalculable.

### ■ Experiencia espiritual
El rosal solo puede desarrollar su belleza cuando se poda: con determinación desechas los ideales irrelevantes, las obligaciones no deseadas y los experimentos lúdicos.

### ■ En el amor y en las relaciones
Elévate por encima de la mezquindad y los celos.

### ■ Como carta del día
Deja de estar todo el día dando vueltas como un halcón inquieto o retirado en tu caparazón.

### ■ Como prognosis/tendencia
En el mundo hay muchas cosas que son completamente indiferentes a lo que somos. Y no siempre encontramos una bienvenida cariñosa. ¿Y cómo es nuestra respuesta? ¡Se alimenta de nuestro propio tesoro abundante de amor, fecundidad y belleza!

### ■ En el éxito y en la felicidad
Aléjate de los hábitos y las rutinas irrelevantes. Elabora normas según tu propia sabiduría ¡y rígete por ellas!

# Los 10 símbolos más importantes

### Las 10 sefirot – ❶

Los diez oros marcan las estaciones del árbol de la vida de la Cábala (= 10 sefirot). Sin embargo, no hay ninguna línea que conecte estos 10 puntos clave. Eso significa que todo está ahí pero que faltan las conexiones.

### Las generaciones – ❷

Infancia, edad adulta y ancianidad, todas aparecen en esta carta. ¿Son conscientes unas de otras? ¿O viven su vida en mundos aparte? Las dos figuras que están de pie en el centro: ¿tienen alguna relación entre sí o simplemente pasaban por ahí?

### Hombre y animal – ❸

La misma cuestión atañe a la humanidad y al reino animal. ¿Superan nuestros aspectos animales los límites de lo aceptable? ¿Hasta qué punto entendemos el poder de la naturaleza y de los instintos, sus puntos fuertes y sus debilidades?

### Cultura–naturaleza – ❹

Líneas onduladas a la izquierda = lago o mar. Casas debajo del arco = civilización. ¿Hay algún vínculo intrínseco entre la naturaleza y la cultura o existe cada uno de ellos solo por supresión del otro?

### Anciano con uvas – ❺

Uvas = disfrute y trabajo duro (viñedo). Al mismo tiempo, una edad madura: «Todo aquel que imagina que todas las frutas madurarán con las fresas no sabe nada de las uvas» (Paracelso).

### Bastón/lanza – ❻

**Positivo:** se ha alcanzado el objetivo previsto, el bastón ha cumplido su labor. Pero también: sigue estando preparado, permanece alerta. **Negativo:** siempre en camino: «Llamar a todas las puertas y no sentirse realmente en casa en ninguna parte».

### Puente – ❼

El amor, el respeto y el aprecio forman el puente que une a las personas entre sí. Todo está aquí pero ¿existe alguna relación o lazo interior? Y el puente solo se ve a medias.

### Castillo/torre

**Positivo:** atención, alerta, visión de conjunto, protección, identidad definida, hogar, seguridad. **Negativo:** torre de marfil, egoísmo, arrogancia, cautiverio, aislamiento, autorrestricción, reticencia.

### Dos escudos de armas – ❽

Castillo: (véase Seis de oros): no hay flujo, no hay intercambio, no hay nada de peso. O en sentido positivo: el dar y el recibir tienen igual valor. Equilibrar las necesidades.

### Odiseo/fin de la Odisea

Al final de su viaje, Odiseo regresa a Tebas. Se disfraza de mendigo y solo lo reconocen sus perros. Obtiene una victoria sonada. ¿Qué hay en tu vida que esté esperando a que lo abordes y lo pongas en orden?

# Diez de oros

*Niño, adulto, anciano; hombre y animal; cultura y civilización, hogar y sitios extraños... y muchas más cosas. Todo está ahí y la única cuestión es si existe alguna conexión entre los elementos (véase «Puente») o si simplemente pasan por ahí (quizá las personas pasan junto al mendigo de la puerta).*

*Ningún hombre es una isla...*

### ■ Significado básico

Las mayores riquezas consisten en adquirir conciencia de la parte que representamos en los asuntos del mundo y son el resultado de esto mismo. Tus experiencias y las de los demás se mezclan para formar un todo más grande. Te ves a ti mismo como parte de la creación, del flujo cósmico. Sabes que tus actos se construyen sobre los cimientos que tendieron los que vinieron antes que tú y que tus sucesores los continuarán. El tiempo solo es relativo. Nada se malgasta. Nada puede impedirte vivir y sentir tu pulso, entretenerte y luego despedirte.

### ■ Experiencia espiritual

El tiempo solo es relativo.

### ■ Como carta del día

Hazte cargo conscientemente de las personas y acontecimientos de tu vida y acéptalos con amor. Los resultados te asombrarán.

### ■ Como prognosis/tendencia

La individualidad auténtica y consciente no puede experimentarse en soledad. La soledad, esa sombra de una individualidad que falta, desaparece cuando encontramos el puente que nos une a los demás. Y lo mismo sucede con el peligro de verse tragado por la muchedumbre.

### ■ En el amor y en las relaciones

Trabaja activamente en favor de la comunidad...

### ■ En el éxito y en la felicidad

... y hacia una coexistencia en la que cada uno pueda encontrar su propio camino y su plenitud.

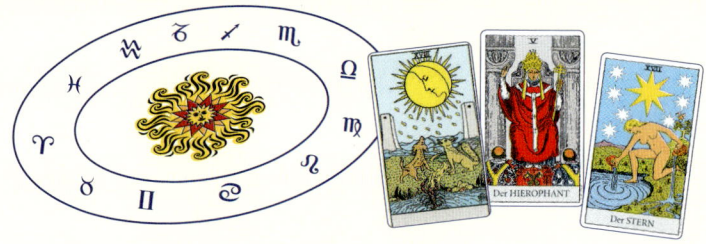

## Tarot y astrología

Los orígenes de la astrología se remontan a hace muchos miles de años. Las cartas del Tarot, por el contrario, son mucho más jóvenes, ¡aunque sus casi seiscientos años puedan considerarse una edad venerable! Es curioso señalar que hasta finales del siglo XIX no se empezó a analizar seriamente en círculos autorizados la conexión entre el Tarot y la astrología.

El trabajo previo esencial para unir los dos lenguajes simbólicos fue realizado por la **Orden del Amanecer Dorado**, una orden mágica fundada en Inglaterra por miembros de la Sociedad Rosacruz hacia finales del siglo XIX. Esta orden elaboró las asociaciones entre los símbolos astrológicos y los del Tarot, unas asociaciones que siguen utilizándose regularmente hoy en día.

Las barajas de Tarot más utilizadas, sobre todo el Tarot Rider/Waite y el Tarot thoth, fueron diseñadas por personas que anteriormente habían pertenecido a la Orden del Amanecer Dorado: Pamela Colman Smith y Arthur E. Waite (Tarot Rider/Waite) y Lady Frieda Harris y Aleister Crowley (Tarot Thoth). Al diseñar las barajas, ambas parejas de artista y autor se remitieron, con excepciones menores, al patrón de asociaciones astrológicas ya establecido por la Orden del Amanecer Dorado.

Por tanto, muchas de las cartas Rider/Waite reflejan directamente estas asociaciones dentro de la misma imagen (por ejemplo, el signo de Capricornio en la carta IV–El Emperador y las cabezas de toro (Tauro) en la imagen del Rey de oros). En la baraja de Crowley, estas asociaciones vienen indicadas casi exclusivamente a través de símbolos.

## Cómo conectar el Tarot con la astrología

Cada signo del zodíaco y cada planeta tienen asignadas unas cartas concretas del Tarot. De ese modo, la carta de la Suma Sacerdotisa representa la luna astrológica, es decir, el reino individual del alma y el subconsciente. Y La Luna del Tarot pertenece a Piscis como epítome del inconsciente colectivo y de los sentimientos «oceánicos».

La siguiente tabla muestra las seis cartas del Tarot que están asociadas con cada signo del zodíaco. ¿Qué signo astrológico te interesa más en este momento? Elige las seis cartas correspondientes y analízalas con atención. Las seis juntas forman un *collage* que puedes utilizar para comprender el signo respectivo del zodíaco.

### Ejemplos:

**Aries:** entre las seis cartas encontramos una contradicción representada por El Emperador y La Torre, entre la consolidación y la fragmentación del poder. El Emperador y la Reina de bastos personifican aspectos opuestos (masculino y femenino) de la energía del fuego que se unen mediante (entre otras cosas) la imagen del Cuatro de bastos.
**Escorpio:** muerte y renacimiento; el principio de «muere y renace», como ejemplifican las cartas de La Muerte y La Justicia.
**Géminis:** el estado de tensión entre la magia del amor (El Mago, Los Amantes) por un lado y los desafíos que presentan las cartas de espadas más altas (ocho, nueve y diez de espadas) por el otro.

A menudo resulta útil extender una tirada de cartas (una vez o en momentos diferentes) y dejarlas que se «asienten» durante un tiempo. Medita sobre las cartas que corresponden a «tu» signo del zodíaco. Observarás cómo cada vez te comunican un nuevo mensaje.

| Fecha | Signo del zodíaco | Planeta | Arcano Mayor del signo |
|---|---|---|---|
| 21 marzo – 20 abril | Aries | Marte | IV–El Emperador |
| 21 abril – 20 mayo | Tauro | Venus | V–El Sumo Sacerdote |
| 21 mayo – 21 junio | Géminis | Mercurio | VI–Los Amantes |
| 22 junio – 22 julio | Cáncer | Luna | VII–El Carro |
| 23 julio – 22 agosto | Leo | Sol | VIII–La Fuerza |
| 23 agosto – 22 septiembre | Virgo | Mercurio | IX–El Ermitaño |
| 23 septiembre – 22 octubre | Libra | Venus | XI–La Justicia |
| 23 octubre – 21 noviembre | Escorpio | Plutón | XIII–La Muerte |
| 22 noviembre – 20 diciembre | Sagitario | Júpiter | XIV–La Templanza |
| 21 diciembre – 19 enero | Capricornio | Saturno | XV–El Diablo |
| 20 enero – 18 febrero | Acuario | Urano | XVII–La Estrella |
| 19 febrero – 20 marzo | Piscis | Neptuno | XVIII–La Luna |

| Carta de la corte asociada | Números de cartas asociadas | Arcano Mayor del planeta |
|---|---|---|
| Reina de bastos | 2-4 | XVI–La Torre |
| Rey de oros | 5-7 | III–La Emperatriz |
| Caballero de espadas | 8-10 | I–El Mago |
| Reina de copas | 2-4 | II–La Suma Sacerdotisa |
| Rey de bastos | 5-7 | XIX–El Sol |
| Caballero de oros | 8-10 | I–El Mago |
| Reina de espadas | 2-4 | III–La Emperatriz |
| Rey de copas | 5-7 | XX–El Juicio |
| Caballero de bastos | 8-10 | X–La Rueda de la Fortuna |
| Reina de oros | 2-4 | XXI–El Mundo |
| Rey de espadas | 5-7 | XXII/0 – El Loco |
| Caballero de copas | 8-10 | XII–El Colgado |

# Acerca de los autores:

**Johannes Fiebig** escribe acerca del tarot desde 1984. Sus intereses incluyen el empleo de las cartas y otros lenguajes simbólicos como herramientas psicológicas. Vive en Klein, Alemania.

**Evelin Bürger** fundó la editorial alemana de ocultismo Konigsfurt Verlang en 1989 junto con Johannes Fiebig. Está interesada en el uso intuitivo del tarot y en el yoga, la jardinería y el arte. Vive en Klein, Alemania.

Johannes Fiebig y Evelin Bürger se encuentran entre los autores de Tarot más exitosos, ya que han vendido más de millón y medio de libros en todo el mundo. Ambos están considerados autoridades en este ámbito.

# Arkano Books

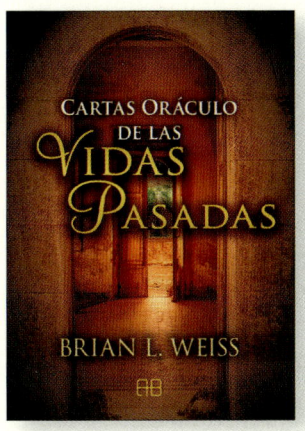

## CARTAS ORÁCULO DE LAS VIDAS PASADAS
**44 cartas oráculo y libro guía**
BRIAN L. WEISS

Brian Weiss ha creado una herramienta sencilla, segura y agradable con la que podrás desentrañar los mensajes relacionados con tus vidas anteriores. En la guía que acompaña a las cartas encontrarás las claves para comprender tus propios comportamientos y aprenderás a superar tus bloqueos negativos para disfrutar de más felicidad, bienestar y amor.

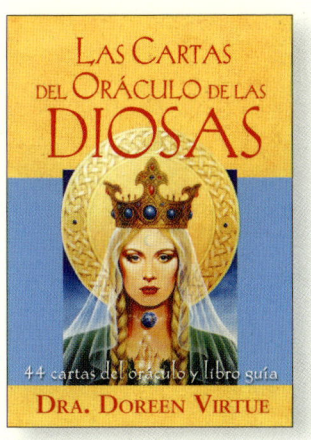

## LAS CARTAS DEL ORÁCULO DE LAS DIOSAS
**44 cartas del oráculo y libro guía**
DOREEN VIRTUE

Los maravillosos diseños de cada carta muestran a Kuan Yin, Isis, Lakshmi, Brígida y Atenea, así como a diosas de las tradiciones céltica, maya, egipcia, griega o budista, entre otras.
La guía que las acompaña te ayuda a obtener lecturas precisas para ti mismo, tus seres queridos y tus clientes. Seas un principiante o experimentado profesional, encontrarás que trabajar con las diosas aporta la magia Divina a tu vida.